Literaturverlag seit 1984
Graz – Wien – Sydney – Chennai – Perth – Stattegg-Ursprung

Alle Rechte vorbehalten
© Barbara Ladurner 2018

Gangan Verlag
Jakobsweg 18
A 8046 Stattegg-Ursprung
+43 680 3136961
www.gangan.at

Gesetzt aus der Cambria und Myriad Pro
Gesamtgestaltung: Gerald Ganglbauer
Druck und Bindung: Joanna Juszczyk
BOOKPRESS.EU
ISBN 978-3-900530-44-0

Barbara Ladurner

Anleitung zum
Dümmer werden
oder
Praxis
der Unbildung

GANGAN
Stattegg-Ursprung

Barbara Ladurner

GANGAN VERLAG

Anleitung zum Dümmer werden

oder

Praxis der Unbildung

Barbara Ladurner

Inhalt

1

1.1 9
1.2 14
1.3 21
1.4 26
Nachwort 33

2

1. Lies dieses Buch! 55
2. Geh nicht zur Schule! 56
3. Beginn zu rauchen! 59
4. Zieh in die Stadt! 61
5. Lies viel! 63
6. Werd Veganer! 65
7. Betreib Sport! 67
8. Werd Beamter! 69

Anleitung zum Dümmer werden

9. Gründ eine Familie! 72
10. Schließ die Unis! 75
11. Kauf dir einen neuen Fernseher! 78
12. Meld dich bei Facebook an! 80
13. Pfleg deine Freundschaften! 83
14. Besuch deine Eltern! 85
15. Bekehr dich! 87
16. Verfolg die Nachrichten! 89
17. Kauf dir eine Play-Station! 91
18. Sammle Ratgeber-Literatur! 93
19. Mach Urlaub im 5-Sterne Ressort! 95
20. Meditiere! 97

3
Dank 100
Bankverbindung 101

Anleitung zum Dümmer werden

1.1

Herzliche Gratulation zum Erwerb dieses geilen Buches! Damit hast du den ersten Schritt zum Dümmer werden bereits erfüllt. Das ist gut. Aber es geht noch besser! Ist schließlich mein Spezialgebiet und dafür setze ich mich ein, als professioneller hauptberuflicher Verblödungs-Coach. Wie ich auf diese Geschäftsidee gekommen bin? Nun, eines schönen Nachmittags – ich jobbte damals noch ausschließlich als Trainer in einem Fitnessstudio – fragte mich ein ziemlich gut betuchter Geschäftsmann zwischen einem Sit-up und dem nächsten, was er nur mit seinen Angestellten machen solle. Er könne nicht richtig mit ihnen kommunizieren, sie verstünden ihn einfach nicht. Sie seien viel zu unterbelichtet für seine Diskurse. Während sich der Unternehmer den Schweiß von der Stirn abwischte und mir von seinen Körperausdünstungen fast übel wurde, überkam mich folgende grandiose Idee. Ich bot ihm gegen einen ordentlichen Stundenlohn an, seinen Intellekt so weit zu schmälern, auf dass es ihm möglich sei sich auf das Niveau seiner Mitarbeiter herabzulassen und sie dementsprechend endlich besser verstehen zu können. Der Typ willigte doch tatsächlich ein! Was denn meine Qualifikationen für die Beratungsleistungen seien, hatte er mich gefragt. Ich sagte ihm, dass ich selbst dumm bin und dass es für mich so leichter ist, zwischen den beiden Welten zu vermitteln. Er als intellektueller Überflieger könne sich sicherlich gar nicht vorstellen, was in den profanen Köpfen seiner weniger

Barbara Ladurner

begnadeten Arbeitnehmer vorgehe. Aber ich könnte ihm da auf die Sprünge helfen. Ich erntete ein selbstgefälliges Grinsen und ein ordentliches Trinkgeld. Tja, und von diesem Moment an hatte sich mein Schicksal gewandelt. Von nun an liegen mir nicht mehr nur die Tussis aus dem Fitnessstudio zu Füßen, sondern die gesamte Weiberwelt. Aus dem geilsten Fitnesstrainer der Welt wurde der geilste Unternehmer auf Erden, mit richtig viel Kohle und der klingenden Berufsbezeichnung „Coach". Das kommt richtig gut an bei den Leuten, wenn man gefragt wird, was man beruflich macht. Coach. Dann nicken sie anerkennend oder geben „ah"- und „oh"-Laute von sich. Wie reagieren die Leute bei dir, wenn du deinen Beruf sagst? Wenn du Koch, Kellner, Gärtner, Sekretär, Angestellter, Verkäufer, Bäcker, Bauarbeiter, Elektriker, Förster oder Bibliothekar bist, kannst du einem ja leidtun. Noch schlimmer ist eigentlich nur Lehrer. Besser haben's Juristen, weil niemand was von deren Paragraphen-Hin-und-Her-Schieberei versteht, und Ärzte, besonders Gynäkologen. Wobei auch Onkologen meist einige Ahs und Ohs ernten, da niemand nachvollziehen kann, wie man sich freiwillig dafür entscheiden kann, anderen Leuten in den Arsch zu greifen. Am allerbesten haben es aber eigentlich Metzger. Sie erhalten bei den Vorstellungsrunden normalerweise die meiste Aufmerksamkeit, vor allem in Städten und in sogenannten bildungsnahen Milieus. Auch so ein Ungeist der Zeit und mit ein Grund, sich gegen die allumfassende Bildungswelle aufzulehnen. Denn hat sie uns erst einmal überrollt, gibt es kein Zurück. Dann sitzen wir so richtig in der Scheiße. Fernsehen und Internet-Konsum werden

Anleitung zum Dümmer werden

außer zu Bildungszwecken verboten, die TV-Geräte werden nur mehr Sender wie „arte" empfangen können, alle sozialen Netzwerke werden abgeschafft, Alkohol- und Drogenkonsum werden verboten sowie Spielhallen und Prostitution. Kirchen, Synagogen und Moscheen werden zu Weiterbildungsanstalten unter dem Motto des lebenslangen Lernens umgebaut, in den Altenheimen wird das Kartenspielen verboten, stattdessen werden kostenlose Sprachkurse eingeführt, die Musikschulen werden aus allen Nähten platzen, weil jedes Kind und jeder Erwachsene mindestens drei Instrumente lernen muss, die Schule wird natürlich ganztags stattfinden und die Schüler auch am Nachmittag vom regenerierenden Nichts-tun abhalten. Die Universitäten werden bersten, die ohnehin schon übervollen Hörsäle noch voller, Menschen ohne akademischen Titel werden von der Gesellschaft ausgeschlossen, gemobbt und zwangssterilisiert, Lehrer werden zu den Schlüsselfiguren der neuen Gemeinschaft und irgendwann auch dahinterkommen, mehr Gehalt für ihre Arbeit zu verlangen. Mülltonnen werden überlaufen und Klos verstopfen, weil kein Akademiker sich mehr zu diesen „niederen" Arbeiten bequemt. Schon jetzt wird ein Fachkräftemangel beklagt, dieser wird natürlich zunehmen, bis im Billa an der Kasse nur mehr vollautomatische Roboter sitzen und billige Arbeitskräfte nicht mehr nur aus Osteuropa, sondern aus den tiefsten Dschungel-Gebieten dieser Welt eingeflogen werden müssen. Bars, Diskotheken und Pubs werden der Reihe nach schließen, Bibliotheken werden zu den neuen Kultorten der Freizeit, gemeinschaftliches Lernen wird das neue Auf-ein-Bier-gehen und, was am

Barbara Ladurner

allerschlimmsten ist, Frauen werden Führungspositionen an den Schalthebeln der neuen Gesellschaft übernehmen. Und sicher nicht wieder so leicht hergeben. Um all dies und noch viel mehr zu verhindern, muss der allgegenwärtigen Bildung der Kampf angesagt werden.

Ich meine, stell dir doch mal ein Leben ohne WhatsApp, Facebook, Deutschland sucht den Superstar oder dem Playboy vor!? Geht gar nicht, richtig. Damit bedarf meine Berufswahl eigentlich keiner zusätzlichen Legitimation. Bildung ist gefährlich, wirklich. Stell dir vor, alle Menschen wären gebildet und klug. Was glaubst du, was passieren würde? Hmm? Deinen Dreck müsstest du dir jetzt selbst entsorgen, genau. Nicht einmal mehr eine Heirat würde dir als Mann lebenslänglichen Putz-, Wasch-, Bügel- und Kochdienst garantieren, das wäre dein Untergang. Glaubst du, du könntest am Arbeitsplatz noch so einfach Bildchen mit pornographischem Hintergrund an deine Kollegen verschicken oder von deinem Chef erwarten, dass er wirklich an deine Freitags- und Montagsgrippe glaubt? Wie wäre dein Leben, wenn du abends nicht mehr mit Freunden in einer Kneipe abhängen und über deine Familie lästern könntest, während du deinem Partner erzählt hast, du müsstest wieder einmal Überstunden schieben? Welche Frauen würden wohl Karriere machen, wenn nur mehr der Intellekt zählt, und nicht einmal mehr der geilste Blowjob der heißesten Bräute den Chef beeindrucken könnte? Womöglich wären das irgendwelche alte, hässliche Jungfern. Und wie würde unsere Wirtschaft den millionenschweren

Anleitung zum Dümmer werden

Niedergang der Unterhaltungsindustrie verkraften? Die Schließung tausender Lokale? Die Gesellschaft würde außerdem in eine äußerst gefährliche politische Situation geraten, alle bisherigen Parteien samt dazugehörigem Personal würden hinweggefegt und die politische Ordnung würde Kopf stehen. Daraus kann nichts Gutes entstehen. Denke auch an die vielen Finanzinstitute, die bankrottgehen würden! Chaos pur. Selbst die Familie als schützenswertes Kernelement unserer Gesellschaft würde sich auflösen, wahrscheinlich dürften sogar überall auf der Welt Homosexuelle heiraten und Kinder adoptieren! Auf dem Gipfel dieses kulturellen Niedergangs würden dann natürlich auch Massen an akademisch vorgebildeten Migranten in das Land strömen und es würde vielleicht sogar so weit kommen, dass diese von allen Teilen der Bevölkerung freudig empfangen und aufgenommen werden. Nun sag mir, wie fühlst du dich angesichts dieser Katastrophe? Jawohl, ein Höllenszenario. Deshalb habe ich es mir zur Aufgabe gemacht, die Dummheit der Menschen voranzutreiben. In professionellen Coaching-Sessions, für gutes Geld.

Barbara Ladurner

1.2

Letztens hat mich so eine Blondine gefragt, ob ich sie therapieren würde, weil sie sich trotz gutem Abschluss ihres BWL-Studiums bei den Bewerbungsgesprächen nicht gegen ihre Konkurrenten durchsetzen kann. Ich habe ihr geraten, sich ihre Titten vergrößern zu lassen und mit aufgeknöpfter Bluse, kurzem Rock und High-Heels beim nächsten Vorstellungsgespräch zu erscheinen. 200 Euro plus einmal gebumst. Gestern hat sie mich dann angerufen. Sie hat den Job. Weißt du, es ist schön, anderen Menschen zu helfen. Mein Beruf gibt mir echt was. Natürlich, es ist keine einfache Arbeit. Man braucht sehr viel Menschenkenntnis, Einfühlungsvermögen und Taktgefühl dafür. Einmal hat sich ein Klient bei mir beschwert, dass mein Honorar zu hoch sei. Ich habe ihm versichert, dass er sich nach dem erfolgreichen Coaching keine Gedanken mehr darüber machen würde. So war's dann auch. Trotzdem habe ich neulich einen Antrag beim Amt gestellt, dass meine Sitzungen in Zukunft auch von der Krankenkasse mitfinanziert werden. Schließlich leiste ich mit meiner Arbeit ja auch einen enorm wichtigen Beitrag zur Erhaltung und Wiederherstellung der öffentlichen Gesundheit. Ja, was denkst du, sind die häufigsten Todesursachen hierzulande? Autounfall? Weit gefehlt. Es sind Herz-Kreislauf-Krankheiten! Also Herzinfarkt, Schlaganfall und solch fiese Dinge. Und woher kommen diese Krankheiten denn? Na, vom Stress! Und woher kommt der Stress? Na, vom übermäßigen Denken, Planen, Streben,

Anleitung zum Dümmer werden

Sorgen! Wäre der Mensch dümmer, wäre sein Risiko, etwa an einem Herzinfarkt zu sterben, um ein Vielfaches gesenkt. Ganz zu schweigen von all den psychosomatischen Leiden, wie etwa Migräne, Bluthochdruck, Sodbrennen, Reizdarm und vieles mehr. Enorm wichtig ist meine Arbeit auch in Bezug auf die zunehmenden psychischen Störungen und Krankheiten, man denke nur an die stetig wachsende Zahl von Menschen, die z.B. unter Angstzuständen oder einer Depression leiden. Hast du Faust gelesen? Faust 1 von Goethe? Damals in der Schule wurden wir dazu gezwungen, nicht wahr. Da siehst du ja das Dilemma – Faust war ein hochgescheiter Wissenschaftler, ein Professor und Doktor, der allerhand studiert hatte, und doch waren ihm seine Erkenntnisse nicht genug. Und was ist passiert? Er wurde depressiv, wollte sich sogar selbst umbringen, bevor er einen Pakt mit dem Teufel schloss und das Leben eines armen, unschuldigen Mädchens zerstörte. Die Moral: Wäre Faust dümmer gewesen, ja hätte er nie studiert, wäre er nie auf die Idee gekommen, nach immer noch tieferen Erkenntnissen zu streben und er wäre nicht in Depression gefallen. Hätte er sich von Anfang an zufrieden gegeben mit den vergänglichen, feucht-fröhlichen Genüssen der irdischen Welt, hätte er sich sicherlich nie mit Mephisto verbündet. Er hätte das arme Gretchen nicht in Unheil gestürzt, er hätte nicht ihre Mutter umgebracht, er hätte nicht ihren Bruder getötet, er hätte das Mädchen nicht unehelich geschwängert, er hätte sich nicht mitverantwortlich gemacht für den Tod seines Kindes und die Exekution seiner Geliebten. Du siehst also, er hätte sich und der Menschheit ein ganzes Stück Ärger erspart. Wenn er nur

Barbara Ladurner

dümmer gewesen wäre. Und das war jetzt nur ein Beispiel, ein literarisches noch dazu, schließlich darf ich ob meiner beruflichen Schweigepflicht nicht zu persönlich werden.

Aber interessant ist es schon, mit den Klienten zu arbeiten. Manche sind so dumm, dass sie gar kein Coaching mehr bräuchten. Es gibt eben Naturtalente. Einmal z.b. ist ein Typ in den Vierzigern zu mir gekommen, der sich irgendwie unrund fühlte in seinem Leben. Er hatte eigentlich alles, was man so braucht. Ein geiles Auto, eine Villa, eine geile Freundin, mehrere Riesen auf dem Konto. Aber es fehlte ihm die Erfüllung. Die Zufriedenheit. Ich habe ihm gesagt, dass das daher kommt, dass er zu viel Ballast mit sich trägt. Die ganze Verantwortung als Konzernleiter, das Auto, die vielen Uhren, das Haus. Ich habe ihm geraten, sich davon zu befreien. Danach würde er glücklich sein. Der Mann fragte mich, wie er das machen solle. Ich habe ihm angeboten, für zweitausend Euro seinen ganzen Kram zu entsorgen, sobald er mich als neuen Inhaber festgelegt hätte. Er war ganz froh über das gute Angebot, hat sich dreimal bedankt. Hatte noch am selben Abend den Betrag auf dem Konto plus Schlüssel und alle notariell beglaubigten Papiere. Seine Karre steht heute noch in meiner Garage, neben den anderen Schlitten. Das Haus habe ich für eine Million Euro an seine Ex-Freundin verkauft. Die hatte ihn da schon verlassen. Ich glaube, das war ein harter Schlag für ihn. Aber das war von Anfang an Teil der Therapie. Das hat er auch eingesehen. Ich habe ihm geraten, weiterzuarbeiten und das Gehalt auf mein Konto zu deponieren, um sich langsam an die Umstellung

Anleitung zum Dümmer werden

zu gewöhnen und nicht sofort alles zu ändern. Das haben wir dann auch so gemacht. Aber nach drei Monaten hat er gekündigt. Schade. Man muss manchmal eben auch Misserfolge verbuchen. Jedenfalls habe ich letztens von ihm eine Postkarte bekommen. Selbst gemalt, per Brieftaube. Der Typ lebt jetzt irgendwo in den Bergen, als Einsiedler, und züchtet Schafe. Er hat mir geschrieben, dass er jetzt seine Erfüllung gefunden hat. Das freut mich wirklich, weißt du. Es war nicht leicht, ihn in der Phase des Umbruchs zu begleiten, doch jetzt, jetzt habe ich die Bestätigung dafür, dass ich das Richtige getan habe. Ich denke, ich werde den Typen mal besuchen. Mir ein paar Wollwesten stricken lassen, die sind jetzt voll im Trend. Gratis natürlich. Ich denke, das ist er mir wirklich schuldig, nach allem, was ich für ihn getan habe.

Als Coach hast du es natürlich nicht immer leicht. Manchmal weiß ich gar nicht, was ich zuerst machen soll. Die vielen Termine, die sich überschneiden! Fußball mit meinen Freunden, Golf mit meinen Klienten, Sex mit meinen Sekretärinnen. Es ist unglaublich stressig. Wenn ich meine Sekretärinnen nicht hätte, würde das alles sowieso nicht funktionieren. Sie erstellen mir in solchen Situationen dann immer eine Prioritäten-Liste, die ich einfach nur nacheinander abrackern muss. Es ist auch ganz praktisch, dass sie Name und Foto der Sekretärin, die dran ist mit Vögeln, immer mit angeben. Ich könnte mir die Reihenfolge sonst nie merken. Aber das ist auch ein Prinzip meines Coachings: möglichst viele Arbeiten delegieren und möglichst wenig selbst denken. Dieses Konzept führt unweigerlich zum

Barbara Ladurner

Erfolg. Musst du auch ausprobieren. Manchmal allerdings muss man aufpassen. Mir ist es z.B. ein paar Mal passiert, dass ich nach einer durchzechten Nacht plötzlich einen Kunden im Coaching vor mir hatte, der eh schon einige Male vorher bei mir war, aber von dem mir nichts, rein gar nichts in Erinnerung geblieben war! Nicht einmal sein Gesicht oder sein Name! Die Klienten haben das zwar bis jetzt noch nie bemerkt, aber das ist reine Glückssache, sage ich dir. Da musst du hündisch aufpassen! Gerade als Top-Unternehmer bist du ja sonst sofort deine Kunden los, wenn die das rauskriegen. Sind ja nicht blöd. Zumindest nicht bis Abschluss der Sitzungen. Das ist übrigens auch so ein Punkt. Für mich war es am Anfang meiner Karriere als Coach gar nicht so einfach, zu entscheiden, wann eine Therapie erfolgreich beendet ist. Aber das kommt dann schon, mit der Erfahrung. Mittlerweile habe ich ein bombensicheres Verfahren dazu entwickelt. Ich stelle dem Klienten die Frage, ob er verstanden hat, worum es mir im Coaching geht. Wenn er mit Nein antwortet, dann ist er soweit. Dann haben die Sitzungen Früchte getragen und die Session kann beendet werden. Um mich selbst geschäftlich abzusichern, habe ich, wie jeder andere Unternehmer auch, allerdings ein paar Klauseln und AGBs aufgestellt. Dazu zählt etwa die Mindestdauer des Coachings von 10 Einheiten. Wenn sich die Kunden darüber beschweren, frage ich sie regelmäßig, ob sie sich denn für so bescheuert halten, dass sie glauben, in weniger als 10 Einheiten dümmer werden zu können. Damit hat sich dieser Punkt dann erstmal erledigt.

Anleitung zum Dümmer werden

Du glaubst gar nicht, wie groß der Bedarf an Dumm-Mach-Coaching ist. Mein innovatives Geschäftsmodell ist längst überfällig, ich habe damit eine heiß ersehnte und dringendst nötige Wirtschaftslücke gefüllt. Eigentlich sollte ich dafür eine Auszeichnung bekommen. Hab mich auch schon bei so einem Wettbewerb beworben. Bis jetzt aber leider keine Antwort bekommen. Vielleicht kapieren manche Menschen den Wert und die Notwendigkeit meiner Beratungen noch nicht. Kann ja sein. Alle großen Neuerungen in der Weltgeschichte wurden erstmals skeptisch vom Volk aufgenommen, sogar abgelehnt. Ist ja ein alter Hut. Wahrscheinlich erkennt man sogar genau daran, ob man wirklich gute und neue Ideen hat. Die meisten großen Persönlichkeiten sind sogar bitterarm verstorben, weil die Leute ihr Potenzial nicht erfasst haben. Wären sie dümmer gewesen, wäre dieser Kelch an ihnen vorübergegangen. Ich meine – ernsthaft – glaubst du nicht auch, dass Schubert z.B. viel lieber weniger an Genie und dafür mehr an Kohle gehabt hätte? Dann hätte er auch nicht immer bei irgendwelchen Kumpels pennen müssen. Naja. Jetzt gibt es ja zum Glück mich. Bei manchen Klienten ist am Anfang die Hemmschwelle noch relativ hoch. Verständlich. Es muss verdammt hart sein, so intelligent zu sein, dass man die dumme breite Masse der Bevölkerung nicht mehr versteht. Eigentlich ist es verwunderlich, dass noch niemand vor mir auf diese Geschäftsidee gekommen ist, Verblödungs-Coachings anzubieten. Ganz ehrlich, es trotzt vor Lerninstituten, Nachhilfeangeboten und Weiterbildungseinrichtungen jeglicher Art, von dem systematischen Intelligenzversuch mittels Schulpflicht einmal ganz abgesehen, aber es gibt kein einziges

Barbara Ladurner

Dolmetsch-Zentrum und keine einzige Institution für Intelligente, die dumm werden wollen. Kaum zu fassen, oder? Aber mir soll es recht sein. In dieser übersättigten Welt grenzt es ja eh fast an ein Wunder, wenn man noch eine Marktlücke entdeckt. Und meine prangt vor lauter offen. Ja, sie schreit in den Himmel, so offensichtlich ist sie! Der Bedarf an meinem Angebot wächst täglich, nein stündlich, und zeichnet sich schon lange in unserer Gesellschaft ab. Die ganze Menschheitsgeschichte hätte anders verlaufen können, wenn die Leute schon damals von meinem Angebot profitieren hätten können. Stell dir vor, wie viel Blutvergießen wir uns hätten sparen können! Wie viele Kriege, wie viele weinende Frauen und verwaiste Kinder! Unsere Vorgänger wären erst gar nicht auf die Idee gekommen, Waffen für etwas anderes als für die Jagd zu verwenden. Oder sie hätten sie erst gar nicht hergestellt. Man kann ja auch Beeren und Früchte und so sammeln und lebt auch nicht schlecht. Das beweisen ja auch heute immer wieder Menschen, die sich ins Grüne zurückziehen. Sie haben verstanden, worum es geht! Sie sollen uns ein leuchtendes Vorbild sein! Und dann die ganzen Köpfe, die bei Arbeiterbewegungen und Aufständen eingeschlagen wurden! Das hätte man sich alles sparen können! Genutzt hat es ja sowieso in den wenigsten Fällen was. Oder man denke an die wahnwitzige Entscheidung, auch Mädchen zur Schule zu schicken! Ja, haben die Eltern nicht schon vorher bei ihrem männlichen Nachwuchs bemerkt, dass es nichts Gutes bringt, wenn die Söhne klüger werden als die Alten? Und dann schicken sie auch noch die Weiber hin, anstatt sich daheim von ihnen bedienen und bekochen zu lassen. Was haben wir jetzt davon? Rosa Quoten.

Anleitung zum Dümmer werden

1.3

Früher war sowieso alles besser. Die Leute mussten sich nicht so anstrengen und jeden Tag für die Schule pauken oder im Job schwitzen. Sie mussten auch nicht wählen und generell einfach viel weniger denken. Stell dir vor, um wie viel gemütlicher und stressfreier sie es hatten! Wollten sie irgendetwas, hatten sie ohnehin meist keine Möglichkeit dazu oder sie mussten um Erlaubnis fragen. Das selbstständige Denken und Planen wurde ihnen so komplett abgenommen, und das gratis! Auch ganz schön dumm von den Mächtigen von damals. Sie hätten Geld dafür verlangen können. Schließlich ist Denken auch eine Dienstleistung wie jede andere. Also das ist jedenfalls mein Prinzip im Coaching. Ich erleichtere die Kunden vom belastenden Hirnballast, doch der Rubel muss rollen. Wenn jemand nichts flüssig hat, nehme ich schlimmstenfalls auch Sachleistungen entgegen. Porsche, Rolex Uhren, Zweitwohnung. Ab und zu ringe ich mich auch zu einer Sonderbehandlung von Sozialfällen durch, für das Karma und so. Dann müssen es aber schon sehr heiße Bräute sein! Von nichts kommt schließlich nichts. Das ist übrigens auch eines meiner Prinzipien im Coaching. Wenn jemand nichts, rein gar nichts in der Birne hat, kann er auch nicht dümmer werden. Dann hat er Pech gehabt, der Tor! Für solche Leute ist mein Coaching nichts. Schließlich arbeite ich nur mit Menschen mit Potenzial. Menschen, die sich noch verbessern können! Wenn bei jemandem nicht einmal die geringste Chance besteht, dass er dümmer werden kann,

Barbara Ladurner

nehme ich ihn gar nicht erst in mein Coaching-Programm auf. Ich habe ja schließlich auch meine Würde. Aber die Leute respektieren das, dass ich nicht jeden betreue. Das gibt ihnen ein Gefühl der Überlegenheit. Ich arbeite eben nur mit der Elite, mit den Besten der Besten. Es ist ja als Unternehmer auch wichtig, sein Zielpublikum einzugrenzen. Wie gesagt, der Bedarf an Dumm-Mach-Coachings wäre eigentlich unendlich viel größer, aber ich muss mich auf meine primäre Kundschaft konzentrieren. Und das sind eben die größten Köpfe, oft Firmenchefs, Politiker usw. Neulich ist aber auch eine andere Berufsgruppe in mein Visier gerückt: Lehrer. Vor ein paar Tagen ist erstmals ein Philosophie-Lehrer, Zweitfach Latein, zu mir gekommen und hat mich gebeten, ihm weiterzuhelfen. Er komme mit seinen Schülern nicht klar, weil sie alle viel zu doof für seinen Geist seien. Anfangs wollte ich ihn wegschicken, denn von Lehrern kannst du nicht viel rausholen. Arme Schlucker. Im Börsel und vor der Klasse, meine ich. Aber dann habe ich mir gedacht, Alter, das ist geil – wenn du es schaffst, die Lehrer erfolgreich zu verblöden, ist die Generation der jetzigen Schulkinder gerettet. Ich weiß, was du jetzt denkst. Das sind hohe Ziele, das ist utopisch, ich soll mich nicht als Weltretter aufspielen. Aber überleg doch: einer systematischen Bildung kann nur eine systematische Verblödung entgegengesetzt werden. Deren Notwendigkeit haben wir ja schon diskutiert. Das Projekt muss natürlich groß angelegt sein und irgendwie von oben geleitet und durch gezielte Fortbildungen von mir vorangetrieben werden. Oberhammer, wenn wir dem Schulsystem selbst ein Schnippchen schlagen könnten, indem wir einfach die Lehrer

Anleitung zum Dümmer werden

austauschen! Oder zumindest erfolgreich dumm-coachen vor Antritt des Unterrichts. Geniale Idee, nicht? Klar, die allermeisten Lehrer sind schon auf dem Zielniveau, die brauchen das Verblödungscoaching gar nicht. Aber wir müssen sichergehen und auch die Ausnahmelehrer ausmerzen. Das ist jetzt also eines meiner nächsten Vorhaben. Als Top-Unternehmer musst du immer große Ziele haben, du brauchst Visionen! Du musst in die Zukunft schauen und sie dir so vorstellen, wie du sie gerne hättest, und sie dann in der Gegenwart genauso konstruieren. Ich weiß, das ist jetzt nichts für dich, du bist ja schließlich kein Top-Unternehmer. Wärst du auch nur annähernd so innovativ, geil und reich wie ich, hättest du dir nicht dieses Buch um wenig Geld gekauft. Sondern einen sündhaft teuren Band mit Original-Bildern von Claude Monet, zum Beispiel. Du versteht zwar nichts von Kunst, hättest das Zeug aber doch im Eingangsbereich deiner Villa positioniert, damit jeder sieht, dass du Kohle hast. Und vermeintlich Stil. Das kommt echt gut bei den Tussen an, die mal kurz in deinem Swimmingpool nackt baden wollen, habe ich selbst schon ausprobiert.

Aber kommen wir nochmals zurück auf das Buch, das du gerade liest. Ernsthaft, bei diesem Dumping-Preis weißt du doch vorher schon, dass nur Schrott drin steht! Ach so, du bist der Kumpel, der das Buch zum Geburtstag bekommen hat, weil dein Freund nicht viel Geld für dein Geburtstagsgeschenk ausgeben wollte. Na dann. Von einem Pornoheftchen hättest du mehr gehabt, oder? Hast mein Mitgefühl. Ich schreibe jetzt aber trotzdem mal weiter, für die anderen Dumpfbacken.

Barbara Ladurner

Also, wo bin ich steckengeblieben? Nein, ich meine nicht dich, Chantal.

Ah ja, der Businessplan. Nun, es ist wichtig, überall neue Geschäftsmöglichkeiten zu riechen und nur nicht zu kreativ zu sein. Das mögen die Leute nicht. Je banaler die Idee, desto besser ist sie. Sonst kommt ja niemand dahinter und man geht leer aus. Auch in meinem Coaching gilt dieses Prinzip – deswegen verwende ich nur einfachste Strategien und simpelste Ratschläge. Zurück zur Einfachheit! Es lebe die Dummheit! Auf der Eingangstür zu meinem Seminarraum steht der Satz: „Um die Menschen zu verstehen, musst du dich auf deren Niveau herab begeben." Du fragst dich jetzt vielleicht, wie ich es schaffe, immer wieder neue Kunden aufzugabeln. Mundwerbung, sage ich da nur. Die meisten alten Klienten haben mir die neuen empfohlen. Der Trick ist ganz einfach. Am Ende der Therapie frage ich den frisch gebackenen Hohlkopf, ob es jemanden gibt, den er für noch blöder hält. Dann kommt meist ein ganzer Schwall an unternehmensrelevanten Informationen. Die Namen sammle ich und die dazugehörige Telefonnummer lasse ich mir von einem meiner Mitarbeiter, einem professionellen Stalker, besorgen. Am Telefon mache ich den Typen dann in Phase 1 ein paar Komplimente zu ihrem außergewöhnlichen Intellekt und drücke mein Mitgefühl dafür aus, sich mit dem alten Klienten und anderen ähnlichen Subjekten rumschlagen zu müssen. In Phase 2 biete ich den Typen die ultimative Lösung für die notwendigerweise aus dem unterschiedlichen geistigen Niveau resultierenden Verständnisschwierigkeiten

Anleitung zum Dümmer werden

an. Diese Art der Kundengewinnung funktioniert meist ganz gut. Und kostet nicht viel. Das Schöne daran ist aber eigentlich, dass Kunde alt und von ihm empfohlener Kunde neu nach dem Abschluss der Sitzungen oft Freunde werden. So etwas ist natürlich unbezahlbar! Ich leiste mit meiner Arbeit also auch wertvollste Pflege der sozialen Beziehungen. Dies gilt übrigens auch und insbesondere für meine weiblichen Klientinnen mit Sozialtarif. Gehe ich einmal zufällig durch die Straßen, sehe ich die Tussis doch glatt in einem Café beisammen sitzen. Da bin ich natürlich gleich reingegangen, um zu fragen, was abgeht. Eine der Blondinen meinte, die Erfahrung bei mir hätte sie zusammengeschweißt und sie würden sich gerade austauschen darüber. Also Stellungen, Schwanzlänge, Anzahl der vorgetäuschten Orgasmen. Ich fand das großartig und habe gefragt, ob ich noch ein bisschen bleiben und zuhören darf. Sie waren einverstanden. Ehrlich, wie oft hast du die Gelegenheit, echtem Mädchen-talk über den Sex mit dir zuzuhören!? Vor allem, weil alle denselben Erfahrungswert haben. Ich fand's so geil, dass ich gleich einen stehen hatte. Mann, die Weiber waren hin und weg von mir. Denen hatte ich es aber richtig besorgt. Nach einer Weile habe ich sie gefragt, ob sie eine Zugabe wollen, wo es ihnen doch so gut gefallen hat. Eine Gruppensitzung. Sie mussten dann aber schon weg, Termin beim Zahnarzt.

Barbara Ladurner

1.4

Ich musste eh auch gehen, meine Freundin wartete. Shisha. Also eigentlich heißt sie nicht so, aber ich nenne sie immer so. Das hat zwei Gründe. Erstens habe ich sie bei unserem Kennenlernen in einem alternativen Lokal dazu überredet, Shisha zu rauchen, um sie danach abzuschleppen. Hat auch funktioniert. Der Kellner hat freundlicherweise ein paar Substanzen hinzugefügt. Ich kannte ihn schon, gegen Trinkgeld macht er alles. Einmal hat er sich z.B. als schwuler Liebhaber des neuen Freundes meiner Ex ausgegeben. Die Szene war göttlich, sie ist drauf reingefallen und ist aus dem Lokal gestürmt, er stand da wie ein begossener Pudel. Ich bin ihr dann natürlich gleich nachgegangen, um sie zu trösten.

Jedenfalls, der zweite Grund ist der, dass ich mir ihren Namen nicht merken kann. Sie kommt aus China oder Korea, ganz genau weiß ich es nicht. Ich vergesse diese Details immer, weil es eh dasselbe ist. Die Asiatinnen schauen doch alle gleich aus. Außerdem bin ich nicht rassistisch, die Herkunft einer Person ist mir völlig egal. Ich stehe auf sie, weil ich schon immer mal eine Asiatin haben wollte. Sie sind so anders, so exotisch. Und haben so eine süße Quietschstimme, nette runde Bäckchen und tolle Haare. Der Name Shisha passt auch deshalb zu ihr, weil ich immer nur „sh – sch" verstehe, wenn sie ihre Sprache spricht. Mich turnt das voll an beim Sex. Das ist wie in den süßen Anime-Pornos, die kennst du ja. Das Beste

Anleitung zum Dümmer werden

aber ist ihr Engagement für unsere Beziehung. Sie kocht wunderbar, kennt alle meine Leibspeisen auswendig, putzt so sauber, dass man auf dem Fußboden essen könnte und beschwert sich nie, wenn ich einmal später als vereinbart nach Hause komme oder ihren Geburtstag vergesse. Wir sind jetzt seit zwei Jahren glücklich liiert und ich könnte mir keine bessere Freundin vorstellen. Shisha tut alles für mich und schreckt vor keiner Aufgabe zurück. Außerdem hat sie immer Lust, wenn ich auch Lust habe. Dass ich manchmal nach dem Parfum eines anderen Mädels rieche übersieht sie großzügig, ebenso meine überall im Zimmer verteilten dreckigen Socken und Boxer Shorts. Wenn ich nach einem anstrengenden Arbeitstag nach Hause komme, ist alles perfekt aufgeräumt und das Essen steht auf dem Tisch. Auf Wunsch serviert sie es mir in Strapsen oder ganz nackt. Meine Freunde finden das geil. Wenn sie zu Besuch kommen, lasse ich Shisha in Unterwäsche kochen und bedienen. Grapschen dürfen sie aber natürlich nicht. Ich habe schließlich auch meine Würde. Umgekehrt hatte Shisha mit mir natürlich ein ungleich größeres Glück. Wie hoch stehen die Chancen denn, dass eine illegale Einwanderin ausgerechnet von einem reichen Top-Unternehmer auserwählt wird? Sie hat es wirklich gut, kann den ganzen Tag zu Hause bleiben und sich den ihren Neigungen entsprechenden Beschäftigungen widmen, während ich für uns das Geld nach Hause bringe. Nicht, dass ich sie einmal in ein Nobel-Restaurant eingeladen oder mit auf die Malediven genommen hätte. Man muss da schon unterscheiden. Wir sind ja nicht verheiratet. Aber sie darf gratis bei mir zu Hause wohnen und essen und ab und zu

Barbara Ladurner

auch den Swimmingpool benutzen, wenn keine Gäste da sind. Ich denke, dass unsere Beziehung deshalb so gut funktioniert, weil wir uns eben gegenseitig alle Freiheiten lassen. Sie respektiert, dass ich einen weiten Freundeskreis habe, mit dem ich gern ausgehe und wohin fahre, und sie darf sich nach Lust und Laune im Haus austoben. Mit 300 m² ist das wirklich viel Freiraum. Meine Freunde sind schon ganz neidisch. Sie wollen, dass ich ihnen helfe, auch eine Shisha zu finden. Aber ich denke, sie haben nicht die Qualitäten dazu. Sie sind nicht so geil wie ich. Keine Tussi wollte bisher länger als ein Monat mit ihnen zusammenbleiben, Shisha hingegen ist schon seit zwei Jahren an meiner Seite. Einer meiner Kumpels meint, dass das daran liegt, dass ich ihre Dokumente versteckt habe. Er ist so bescheuert. Hat wohl noch nie was von wahrer Liebe gehört, der Idiot! Shisha ist eine treue Seele und liebt mich aus ganzem Herzen. Jeden Abend vor dem Schlafengehen betet sie zu Gott und dankt ihm inbrünstig dafür, mit mir zusammen sein zu dürfen. Ich sehe sie ja, wenn ich an ihrer Kammer vorbeigehe. Manchmal ist sie sogar so bewegt, dass ihr die Tränen kommen. Ach, Shisha! Das ist wahre Liebe.

Aber lass uns nicht so lange über Weiber quasseln. Was machst du eigentlich so? Was bewegt dich dazu, dümmer werden zu wollen? Bist du auch einer dieser Überflieger, die im normalen Leben nicht zurechtkommen, weil sie viel zu intelligent für diese Welt sind? Oder möchtest du die Strategien deiner Mitarbeiter durchschauen, die sich so dumm stellen, dass man es ihnen fast schon glaubt, nur damit sie nicht arbeiten

Anleitung zum Dümmer werden

müssen? Es ist wirklich schade, dass mir deine Geschichte entgeht. Wenn du magst, kannst du mir ja schreiben! Dann könnten wir auch gleich einen Termin vereinbaren, falls du noch von meinem persönlichen Coaching-Programm profitieren möchtest. Denn das Buch ist ja gut und schön, aber es kann natürlich nur allgemeine Ratschläge und Gedankengänge vermitteln und nicht individuell auf deine Situation eingehen. Das ist aber eigentlich das Wichtigste bei der Arbeit mit meinen Klienten – die ganz persönliche, einzigartige, auf das jeweilige Individuum abgestimmte Therapie. Also: melde dich bei mir!

Was wollte ich noch sagen bzw. schreiben? Es ist verdammt schwierig, so eine Anleitung zum Dümmer werden zu verfassen. Vor allem, weil mein Buch das erste zum Thema ist. Wenn du z.B. einen Ratgeber zum Abnehmen schreiben willst, hast du es viel einfacher. Du kopierst einfach ein paar Teile aus den Abnehmer-Bestsellern heraus und setzt sie neu zusammen, fertig ist die Bibel der verzweifelten Damenwelt. Aber bei meinem Thema ist das ja etwas ganz anderes. Ich bin praktisch der Vorreiter. Alles, was nachher zum Dummwerden geschrieben werden wird, ist nichts mehr als eine schlechte Kopie. Plagiat. Wertlos. Ich leiste hier mit meiner Arbeit also nicht nur einen enorm wichtigen Beitrag für die Gesellschaft und die Rettung der Welt, sondern ich kreiere auch einen literarischen Meilenstein. Ja, das ist Literatur! Bald wird dieses Buch in jeder Auslage und in jeder Schulbibliothek zu finden sein, als verpflichtende Klassenlektüre für alle Schüler. Die Lehrer müssen es bis dahin sowieso auswendig können. Meine Anleitung zum Dümmer werden wird

Barbara Ladurner

wesentlicher Bestandteil der Lehramtsausbildung sein und wer an der Umsetzung des Konzepts scheitert, wird vom Studium ausgeschlossen. Und zwangsausgewiesen. Das gilt übrigens auch für alle anderen Mitbürger. Dann müsste man sich allerdings einen gut abgeschotteten Ort für die staatsverwiesenen Verblödungs-Resistenten oder -Verweigerer suchen. Einen Ort, der möglichst weit entfernt liegt von unseren Landen und nur mit dem Flugzeug erreichbar ist. Eine einsame Insel, zum Beispiel. Aber darum kümmert sich natürlich wieder einmal keiner. Wozu sind unsere Politiker überhaupt da? Was machen die den lieben langen Tag? Das wäre doch ihre Pflicht, diese Aufgaben zum Wohle des Volkes in die Hand zu nehmen! Aber nein, das darf der Jens alles ganz alleine machen. Er hat ja sonst nichts zu tun. Verräter.

Hey, mir ist gerade aufgefallen, dass du erst jetzt meinen Namen erfahren hast. Ist ein bisschen spät, fürchte ich. Aber ich bin es nicht gewohnt, mich vorstellen zu müssen. Normalerweise kennen mich schon immer alle. Bitten um ein Autogramm oder ein Foto, sobald sie mich sehen, sowas halt. Also habe ich da ganz drauf vergessen, dass du mich ja jetzt nicht sehen kannst. Pech, Alter. Hast du echt was verpasst. Na, jedenfalls. Ich heiße Jens Dummermann. Bin so um die dreißig. Sein wahres Alter verrät ein Typ meiner Liga nicht. Aber mach dir keine Sorgen, falls du schon die Schmerzgrenze von 40 Jahren überschritten hast. Mein Programm zum Dümmer werden sieht auch eine beträchtliche Altersreduktion vor, also eine mentale Reife von etwa einem Zehnjährigen. Man sagt ja immer, man ist so alt, wie man sich fühlt. Von mir kriegst du also die ultimative

Anleitung zum Dümmer werden

und effektivste Verjüngungskur überhaupt. Hört sich unglaublich an? Ist es auch. Fast zu schön, um wahr zu sein, denkst du jetzt. Aber ich garantiere dir, es funktioniert. Wenn du alle meine Tipps zum Dümmer werden beherzigst, wird sich die Verjüngung quasi als angenehmer Nebeneffekt mit einstellen. Damit werde ich die ganze Wellness- und Schönheitsindustrie über den Haufen werfen, plastische Chirurgen werden sich andere Opfer suchen und Anti-Falten-Cremes werden nur noch von Malern auf Leinwänden verwendet werden. Stell dir mal vor, wie gut die Bilder dann riechen! Dann würde ich mir so ein Gemälde vielleicht tatsächlich mal ins Schlafzimmer hängen. Umnebelt von so einer künstlichen Duftwolke bezirzt du jede Frau und der Dampf lässt sogar die redseligste danach in einen komaähnlichen Schlaf fallen. Ausschlaggebend bei einem Bild wäre dann natürlich nicht mehr das Gemalte selbst, also die Motive, die eh kein Mensch versteht und wahrscheinlich nicht einmal der Künstler selbst nachvollziehen kann. Sondern der Geruch, der einem beim Anblick desselben in die Nase steigt. Ich werde also indirekt mit meinem Verblödungs-Projekt auch die längst überfällige Kunstrevolution einleiten! Damit gehe ich in die Geschichte ein. Also in die Kunstgeschichte, denn mein Schaffen hat die historische Geschichtsschreibung sowieso schon komplett umgewälzt. Neben Leonardo da Vinci und Picasso wird dir in Zukunft mein Porträt in den Büchern entgegengrinsen. Wissenschaftler und Doktoren werden Monographien über mein Leben und Wirken publizieren, mein Geschäftsmodell wird Aushängeschild unserer modernen, dummen Welt. Ja, mit meinem Geburtsdatum wird die

Barbara Ladurner

Geschichtsschreibung wieder auf Null gestellt. Das wird ohnehin Zeit, wer merkt sich schon eine vierstellige Kalenderzahl, die sich noch dazu jährlich ändert? Außerdem ist die Relevanz der Figur Jesus natürlich lange nicht mit meiner Wichtigkeit zu vergleichen. Insofern ist es nur richtig, mit meiner Geburt eine neue Ära einzuläuten. Ich bin der neue Superstar! Ich bin der heiß ersehnte Held, auf den die Menschheit gewartet hat! Ich bin der Retter der alten und der Schöpfer der neuen Welt!

Anleitung zum Dümmer werden

Nachwort

Mit meiner Arbeit mache ich mir natürlich nicht nur Freunde. Du glaubst gar nicht, wie viele Neider und Schlechtgesinnte es gibt. Deshalb sage ich immer, Erfolg ist nicht für jedermann. Damit musst du erstmal umgehen können, dass dir neidische Typen in den Garten kacken und eifersüchtige Tussen in den Pool pissen. Von den Anrufen und Droh-Emails mal ganz abgesehen. Deshalb hab ich jetzt ein Security-Team angeheuert. Alle großen Persönlichkeiten können sich ohne gar nicht mehr aus dem Haus trauen. Bei mir bleiben sie hauptsächlich im Haus. Kontrollieren, ob auch niemand den Rasen kaputt trampelt, Müll herumliegen lässt usw. Die Mädels werden auch kontrolliert, dass die nicht mit meinen Kumpels rummachen, sondern höchstens untereinander. Gehören ja schließlich mir. Und drei Security-Angestellte sind nur für meine Freundin Shisha. Sie ist schließlich die Allerwichtigste in meinem Leben. Mein Stern. Dass ihr nichts passiert, hat oberste Priorität. Deshalb werden alle ihre Wege aufgezeichnet, die sie an einem Tag zurücklegt, und sie wird ständig von jemandem beobachtet. Egal, welche Arbeiten sie gerade erledigt oder welcher Schönheitskuren sie sich unterzieht. Es kann schließlich immer etwas passieren. Nähert sich ihr ein Mann mehr als fünf Meter, werde ich von einem der Angestellten unverzüglich verständigt. Dann werden sofort die entsprechen Notfallmaßnahmen ergriffen. Für diesen Job habe ich einige freigelassene Häftlinge engagiert. Du siehst also, ich

Barbara Ladurner

bin top organisiert und meine Freundin hüte ich wie meinen eigenen Augapfel. Sie kann sich wirklich nicht beschweren. Für meine Familie tue ich eben alles.

Um für alle Eventualitäten vorbereitet zu sein, habe ich auch ein Ärzteteam zusammengetrommelt, das im akuten Notfall zu mir nach Hause kommt. Heutzutage musst du dich ja für alles absichern. Man weiß ja nie. Und das Ärzteteam hat mir auch schon mal das Leben gerettet. Das war eine krasse Geschichte. Mann, wenn ich nur dran denke, wird mir kotzübel. Es war an einem Freitagnachmittag, kurz vor Feierabend. Ich saß in meinem Büro und sortierte die in dieser Woche erhaltenen Schecks. Hatte ausnahmsweise freitags gearbeitet, weil ich einen wichtigen Kunden betreuen musste. Da klopft es auf einmal an der Tür und eine meiner Sekretärinnen kommt herein. Sie nennt mich „Süßer". Ich war gerade dabei, ein Kuvert zu öffnen, um die darin enthaltenen Geldscheine zu entnehmen. Die Kleine fordert mich auf, sie anzusehen. Ich hebe den Kopf. Da lässt sie plötzlich ihren Pelzmantel fallen und steht nur in Lack- und Lederunterwäsche da. Der Anblick überwältigt mich. Die Lady kommt auf mich zu, ich lenke mich von meiner Arbeit ab und zack, habe ich mich am Kuvert-Rand geschnitten. Ich fühle, wie der Schmerz wie ein glühender Dolch durch meinen Körper dringt und schreie. Meine Glieder beben, meine Sinne werden von dem Schmerz beinahe überwältigt. Ich wage es, auf meine lädierte Hand zu blicken und sehe meinen Zeigefinger, aus dem rotes Blut schießt.

Anleitung zum Dümmer werden

Übelkeit steigt auf. Ich erkenne aus dem Augenwinkel, dass der erste Bluttropfen bereits auf den weißen Perserteppich gefallen ist. Meine Schreie gellen durch das Zimmer. Wenn ich weiter so viel Blut verlieren würde, würde ich sterben. Bevor mir die Sinne ganz versagen, schaffe ich es noch, der Lady in Black aufzutragen, das Ärzteteam zu verständigen. Wie aus weiter Entfernung höre ich das Rettungsfahrzeug mit Blaulicht und Sirene sich nähern. Ich konnte gerettet werden. In letzter Minute.

Bevor ich weiterschreibe, muss ich erstmal verschnaufen. Diese Geschichte nimmt mich immer noch mit. Noch nie war ich dem Tode so nah. Musste einen Tag nach dem Vorfall komplett im Bett bleiben und außerdem so ein umständliches Pflaster am Finger tragen. Stell dir mal vor, wie entstellt ich rumrennen musste! Die Tussi im Lederaufzug habe ich natürlich gefeuert. Das Ganze war sicher von ihr geplant und beabsichtigt. Eine Verschwörung, ein Komplott! Als Top-Unternehmer bist du diesen Gefahren ungleich häufiger ausgesetzt als normale Menschen. Du musst immer mit dem Schlimmsten rechnen. Ja, ich zahle einen hohen Preis dafür, dir die Kunst des Dümmer werdens näherzubringen und die Menschheit vor dem intellektuellen Untergang zu bewahren. Meine Arbeit ist gefährlich! Gerade, weil sie so enorm

Barbara Ladurner

wichtig ist. Aber ich weiß, dass ich das alles in Kauf nehmen muss, um meine Ziele zu erreichen. Und es wird sich lohnen!

Bald wird es überall Zuckerwatte und Kondome in Übergröße zu kaufen geben, Playboy und Bravo werden die neuen Wissenschaftsmagazine, die Erforschung des eigenen Körpers wird an erster Stelle im Lehrplan der nicht mehr vorhandenen Schulen stehen. Die bisher für Bildungszwecke missbrauchten Gebäude werden saniert, mit Graffiti besprüht und als Erholungszentren der neuen Gesellschaft eingerichtet. Große Kinoleinwände werden die bisherigen Klassenzimmer schmücken, alle guten Trash-Filme werden gratis abgespielt, „American Pie" zum Beispiel, Kochsendungen wie „Master-Chef", Gesangsshows, Talk-Shows, Quizsendungen jeglicher Art sowie volkstümliche Konzerte sowieso. Serien wie „Dexter" und andere dürfen natürlich auch nicht fehlen. Alle Räume werden mit Bier, Chips und Kissen gemütlich hergerichtet. In den Toiletten werden schwarze Bretter zu Verkupplungszwecken aufgestellt. Das Lehrerzimmer wird für die Rotlicht-Filmchen reserviert. Fotos von früheren geilen Lehrerinnen können meinetwegen hängen bleiben. Ansonsten wird alles, was an Schule oder Bildung erinnert, rigoros entfernt. Man soll sich ja schließlich wohlfühlen in dem Gebäude. Stell dir vor, kein Kind muss sich mehr in aller Frühe aus dem Bett quälen, um zur Schule zu gehen. Kein Kind braucht mehr Alpträume zu haben vor der nächsten Mathe-Schularbeit, kein Kind muss mehr Latein-Vokabeln pauken. Um wie viel menschenfreundlicher und besser wird diese Welt!

Anleitung zum Dümmer werden

Vergnügungsparks werden aus dem Boden sprießen wie Pilze, aus den heutigen Fortbildungseinrichtungen werden Zocker-Stätten mit allen Spielen dieser Welt, Universitäten werden zu modernen Laufhäusern umfunktioniert. Du liegst also im begrünten Innenhof der ehemaligen Uni, Drinks und Snacks griffbereit, und vor dir im Pool warten deine Gespielinnen, während in der Säulenhalle leicht bekleidete Mädchen flanieren. Das ist Leben! Das ist Lebensqualität! Nicht so wie heute, wo du zwanzig Jahre deines Lebens lernen musst – das sind deine besten Jahre noch dazu – um dann als Praktikant oder Assistent und zehn Jahre später als Schreibtisch-Manager für wenig Geld zu schuften und schließlich als mittelloses Genie zu sterben. Was von dir zurückbleibt? Nur dein Superhirn, das du an die nächste Generation vererbt hast, welcher es genauso wie dir ergehen wird. Häuser, Liegenschaften, Kapital, irgendetwas von Wert hast du ja nicht. Deshalb hast du deine Kinder ja auch angelogen. Ihnen irgendetwas vom unbezahlbaren Wert der Bildung vorgeschwafelt. Damit sie dich nicht als Loser sehen. Damit sie dich nicht auslachen, weil du immer noch mit der gleichen Schrottkarre von anno dazumal herumfährst. Wenn du dir überhaupt den Benzin dafür leisten kannst. Und damit sie den gleichen Fehler wie du machen und ganz gewiss auch so enden. Willst du das? Nein. Natürlich nicht. Jetzt ist Schluss damit. Aus und basta mit dem ganzen Bildungsunfug und Lernhumbug! Während wir hier lernen und schwitzen, lachen sich die Dummen ins Fäustchen, sitzen den ganzen Tag vorm Fernseher und leben von unseren Steuergeldern. Wir wollen das auch! Oder sie

Barbara Ladurner

gründen im Geheimen Netzwerke und gewinnfreie Vereine, die es ihnen erlauben, im Luxus zu leben. Wir wollen das auch! Die Dummen heute kommandieren die Welt, sie haben es geschafft, sich bis an die Spitze zu vögeln und können sich heute sogar ihre akademischen Titel erkaufen. Wir wollen das auch! Während sie faulenzen und sich in ihrer Dummheit wälzen, rackern und pauken wir bis zum Umfallen. Wir werden gescheit, erwerben Auszeichnungen und Diplome und erkennen mit Schrecken, wer die Welt im Innersten zusammenhält. Wir verstehen, dass wir wie Sklaven arbeiten müssen bis zu unserem Lebensende und beginnen aus Frustration den Wert der Bildung zu hypen. Aber damit hört es sich jetzt auf! Ich gebe mit meiner Arbeit jedem die Chance, selbst endlich dumm zu werden und sich aus diesem Teufelskreis zu befreien! Nutze diese Chance! Gib deinem Leben endlich einen Sinn! Verändere die Welt zum Guten!

Eigentlich gibt es kein Problem dieser Welt, das nicht mit Dummheit gelöst werden könnte. Denn wenn du erst einmal so dumm bist, dass du das Problem nicht mehr als solches erkennst, gibt es das Problem auch nicht mehr. Dann existieren überhaupt keine Probleme mehr. Wie geil ist das denn! Du hältst hier also das ultimative Rezept zum ewigen Glück in Händen. Die ganze Ratgeber-Literatur, „Tipps für ein erfülltes

Anleitung zum Dümmer werden

Leben-Gurus" usw., alles für die Katz. Es gibt nur einen Weg: Dümmer werden. Funktioniert bei jedem, kostet nicht viel. Nur meine bescheidene Gage für das Coaching. Und die Welt wird in Ordnung sein. So, wie sie immer hätte sein sollen. So, wie sie laut dir früher immer war. So, wie es sich die Pfaffen und anderen Seelenprediger immer wünschen. Friede auf Erden. Eierkuchen auf dem Tisch. Rosa Luftballone, die in den Himmel aufsteigen. Ganz ohne Trip.

Du denkst, ich übertreibe mal wieder. Aber das stimmt gar nicht. Erst gestern habe ich mich mit einem religiösen Prediger getroffen, der meine Arbeit unterstützt. Networking. Ist wichtig für den Job als Unternehmer. Der Typ war jedenfalls total begeistert von mir. Ist ein ziemlich einflussreicher Kerl, steht auch in der Politik hoch im Kurs. Nein, seinen Namen darf ich dir nicht nennen. Aber er hat weltweit Kontakte und verfügt über ein ordentliches Budget. Er hat gesagt, dass auch viele andere seiner Kollegen die globale Umsetzung meines Konzepts unterstützen. Ich rechne jetzt also mit einer ordentlichen Geldspende. Sowas nenne ich Segen von oben. Ansonsten hab ich's nicht so mit der Religion. Aber praktisch ist sie schon, im Rahmen meiner Arbeit. Sie nimmt dir das Denken ab, gratis. Also fast gratis. Ein paar Rituale musst du unter Umständen schon über dich ergehen lassen. Aber das war's dann auch. Natürlich ist nicht jede Religion gleich gut. Da musst du dann schon aufpassen, die richtige für dich zu finden. Toll ist, wenn sie dir deine Arbeit, Kleidung und überhaupt dein ganzes Verhalten im Leben vorschreibt, weil dann ersparst du dir

Barbara Ladurner

selbst viel Hirnschmalz. Bei allen liberalen Richtungen musst du auf der Hut sein, da musst du unter Umständen sogar selbst denken. Nur bis zu einem bestimmten Grad, versteht sich, aber trotzdem. Wenn schon, denn schon.

Moment, mein Handy klingelt. Shisha. Ob es mir gefallen würde, wenn sie sich die Haare platinblond färbt. Unten natürlich auch. Klar gefällt mir das. Blöde Frage. Jetzt habe ich beides in einem: eine asiatische Freundin und eine Blondine. Ich bin so ein Glückspilz. Sie noch mehr.

Das ist auch ein wichtiger Punkt im Dümmer werden Programm. Die Partnerwahl. Du bist selbst schuld, wenn du dich als Frau auf einen lerngeilen, greenpeace-süchtigen Streber einlässt. Oder eben auf eine Akademikerin, wenn du ein Mann bist. Im ersten Fall will er dich wahrscheinlich eh nicht, außer du schaust aus wie Madonna, und damit hat sich das Problem erübrigt. Der zweite Fall aber ist richtig beschissen. Das ist echt das Letzte. Geht gar nicht. Da kann ich dir nur raten, sofort den Schlussstrich zu ziehen und zu mir zur Therapie zu kommen. Die Freundin kannst du gleich mitnehmen. Mann, du blamierst dich voll, wenn du mit einer Akademikerin zusammen bist. Hast du dir noch nie überlegt, wie das ausschaut vor deiner und ihrer Familie und euren Freunden? Alter, ernsthaft. No go.

Anleitung zum Dümmer werden

Jetzt fällt mir gerade was Lustiges ein. Heute Mittag hat mich ein Klient angerufen, dass er sich leider ungefähr 30 Minuten verspätet. Ein Hund habe bei Rot die Straße überquert und sein blindes Herrchen gleich mitgenommen. Deswegen seien ein paar Autos kollabiert. Die Polizei konnte den Unfallvorhergang nicht rekonstruieren und vor allem den Schuldigen nicht festmachen, da der Hund leider kein Deutsch kann. Sein Herrchen sowieso nicht, denn der ist blindstumm. Ja, diese Kombination gibt es! Wusste ich vorher auch nicht. Na jedenfalls kann der Blindstumme kaum in Verantwortung für das Dilemma gezogen werden, er hat die rote Ampel ja nicht gesehen. Leider konnte er auch sonst nichts zum Unfallgeschehen erzählen, weil er ja nicht sprechen kann. Die Autofahrer haben einstimmig den Hund mit seiner Fehlinterpretation der rot leuchtenden Ampel der Schuld bezichtigt und da die Polizei mit vier Aussagen gegen keine konfrontiert war, ließ das Protokoll keine andere Wahl. Der Hund musste mitgenommen werden auf das Revier. Verhör. Versicherung ist nicht. Verlies. Da der Vierbeiner leider keine Versicherung abgeschlossen und auch kein Geld für den Schadenersatz hatte, blieben ihm leider keine anderen Möglichkeiten. Das arme Tier! Andererseits muss jeder zu seinen Taten stehen und da der Hund offiziell als Blindenführer im Dienst war, ist er haftbar. Vielleicht hatte er sogar selbstmörderische Gedanken und wollte sein Herrchen gleich mit in den Tod reißen! Man weiß ja nie, welch grausame Gedanken hinter so einem Hundskopf verborgen liegen. Das Lustige kommt aber noch. Wobei das auch nicht schlecht

Barbara Ladurner

ist, oder? Hat mir der Klient alles am Telefon erzählt. Ich habe ihm dann gesagt, dass es mir leid tut, dass er im Stau steckt, aber dass ich trotzdem die ganze Stunde verrechnen muss. Natürlich, das sehe er ein.

Na gut, kommt der Kunde also zu mir, halbe Stunde Verspätung, wir plaudern noch circa zwanzig Minuten und am Ende streckt er mir zwei Hunderter entgegen. Ich nehme sie überrascht an und überspiele mein Erstaunen, indem ich mich heuchlerisch nochmals für die verkürzte Einheit entschuldige. Der Klient antwortet, er verstehe das, dass ich vorab schon per Überweisung den vollen Betrag einziehe und auch bei Verspätungen keine Begünstigungen machen kann. Wer weiß, wie viele Termine sonst kurzfristig abgesagt werden würden und wie viele Klienten absichtlich zu spät kommen würden. Er zwinkert mir verschwörerisch zu. Ich nicke bekräftigend und geleite ihn rasch zur Tür, damit er nicht doch noch merkt, mich zweimal bezahlt zu haben. Geil, nicht wahr? 400 Euro für 20 Minuten! Das entspricht einem Honorar von 20 Euro pro Minute. Andere kommen nicht mal auf 20 Euro Stundenlohn. Warum lachst du nicht? Also ich finde das lustig. Hab mir dann überlegt, dass die Sache schon System hat. Ich könnte versuchen, den Trick öfters anzuwenden und am Ende der Einheit auf die Abrechnung verweisen, obwohl ich schon die Überweisung erhalten habe. Ich denke schon, dass das funktionieren könnte. Ich bin meinem Klienten so dankbar! Ohne ihn wäre ich nie auf diese Idee gekommen. Als Dankeschön werde ich ihn nächstes Mal zehn Minuten früher aus der Stunde entlassen. Da freut er sich bestimmt.

Anleitung zum Dümmer werden

Ich finde, dass es wichtig ist, immer offen zu sein für neue Inputs. Man kann so unglaublich viel lernen von den Kunden! In Wirklichkeit erfahre ich mehr für mich als sie. Wirklich, das ist so. Du musst auf die Leute eingehen und sie dort abholen, wo sie gerade stehen, das ist ein wichtiges Prinzip im Coaching. Und das bedeutet auch, dass du in ihre Lebenswelt eintauchst und sie mal erzählen lässt davon. Die Banker frage ich zum Beispiel, wie ich günstig an Kredite rankomme oder mich am Schwarzgeldmarkt beteiligen kann, die Politiker nach der Change einer Partizipation in wichtigen Ämtern, die Richter um die Möglichkeit, meine ganzen Klagen zwecks Steuerhinterziehung, unredliches Verhalten und Prostitution doch noch zu gewinnen. Und ich sage dir, es funktioniert! Die Typen haben's echt drauf. Was ich schon an Kohle, gefälschten Dokumenten und Vitamin B eingebracht hab, ist echt ordentlich. Die Leute freuen sich, wenn man sich für ihren Job interessiert, weißt du! Deswegen finde ich das überhaupt nicht eigennützig oder so. Ist alles Part vom Coaching. So wie auch die Hausaufgaben. Ja, ich gebe den Kunden Aufgaben für zu Hause auf, die sie bis zum nächsten Mal erledigen müssen, um die Therapie voranzutreiben. Die Hausübungen sind natürlich immer individuell unterschiedlich, je nach Person und Möglichkeit. Dem Einen gebe ich zum Beispiel die Aufgabe, mir bis zum nächsten Termin alle nötigen Unterlagen zur Passfälschung zu besorgen, der Andere soll sich mit der illegalen Eintreibung nicht existenter Steuern befassen. Es kommt halt drauf an. Einmal hatte ich einen ganz schwierigen Fall, da wusste ich anfangs gar nicht, wie ran. Ein Chemie- und

Barbara Ladurner

Physikprofessor. Wie kann man sich nur mit sowas beschäftigen? Ich überlegte also hin und her, etwas Sinnvolles musste es doch auch für diesen Patienten geben. So habe ich ihm dann aufgetragen, mir ein paar Formeln für neue chemische Drogen zu entwickeln. Billig müssten sie halt sein. Er hat sich total über die Herausforderung gefreut und beim Honorar gut aufgerundet, weil er so dankbar für meine Unterstützung war. Die Dinger sind dann auch gut auf dem Markt angekommen. Als Coach musst du eben ein Gespür, ein Feingefühl für die Menschen und ihr Potenzial haben. Die persönliche Weiterentwicklung ist das Ziel. Also meine, in erster Linie. Das Finanzielle spielt da natürlich eine entsprechend große Rolle, ich will ja nicht so enden wie Zuckerberg. Kohlgrube wäre mir lieber. Haha.

Ich muss jetzt los, heute Abend schmeiße ich noch eine Party. Geile Musik, Alkohol, nackte Weiber. Das Übliche. Aber mit Stil. Ich betrinke mich schließlich nicht mit Fusel. Champagner sollte es schon sein. Hab extra ein Catering bestellt, damit Shisha nicht so viel Arbeit hat und heute auch einmal mitmachen kann. Wäre ja auch schade, wenn sie ihre neu erworbenen Table-Dance-Fähigkeiten nicht herzeigen könnte. Ich hab mir die Tanzstunden schließlich was kosten lassen. Wie gesagt, feiern mit Stil ist mein Motto. Rachenputzer trinken und Stroh rauchen war gestern. Heute muss es zumindest Gras sein.

Anleitung zum Dümmer werden

Scherz beiseite, du hast verstanden, was ich meine. Ich bitte meine erlauchten Gäste daher auch stets, sich in entsprechender Garderobe zu präsentieren. Spätestens nach Mitternacht oder nach einem bestimmten Alkoholpegel fallen die Hüllen dann von selbst. Es geht darum, dem Ganzen einen Anstrich von Eleganz zu geben. Das kommt auch gut bei den Nachbarn an. Wenn sich die High-Society versammelt, wird auch mal ein Auge oder zwei zugedrückt. Und wenn sie aufgrund der Lärmbelästigung doch die Polizei rufen sollten, lädst du den Beamten im Dienst einfach ein, mitzumachen. Angesichts der vielen heißen Bräute lässt sich das keiner zweimal sagen. Und wenn doch, wird er eben vorübergehend geknebelt und so lange malträtiert, bis er freiwillig die richtigen Schlüsse zieht. Man muss sich eben zu helfen wissen.

Genau das wird übrigens auch im Dumm-Mach-Coaching gelernt. Du glaubst jetzt, dass ich Scheiß erzähle, weil du denkst, dass Dummheit in dieser Situation kaum nützlich sein kann. Stimmt aber nicht. Genau das Gegenteil ist der Fall. Hast du schon einmal einen intelligenten Menschen bei der Entscheidungsfindung gesehen? Nein? Ich auch nicht. Das liegt daran, dass er nämlich gar keine Entscheidungen trifft. Warum? Weil er viel zu verstrickt ist in seinen Gedanken und ewig braucht, alle diversen Aspekte der Entscheidungsfrage abzuwägen, miteinander zu vergleichen, auf vergangene Situationen zu beziehen und in die Zukunft zu projizieren, um dann zum Schluss zu kommen, dass diese Frage nicht so leicht zu beantworten ist und die Entscheidung im Prinzip und überhaupt gar nicht getroffen

Barbara Ladurner

werden kann. Wenn du hingegen dumm bist, findest du sofort die richtige Lösung für alles. Du triffst Entscheidungen, noch bevor sich dir das Problem präsentiert, du ziehst Rückschlüsse über Sachverhalte, die noch gar nicht eingetreten sind und du urteilst über Dinge, die dir noch gar nicht bekannt sind. Und vor allem ziehst du Leuten Geld aus der Tasche, die noch gar keins haben. Das nenne ich Effizienz! Das brauchen wir in unserer heutigen, schnellen Welt! Die Erde dreht sich immer rascher zwischen ständigem technischem Fortschritt und einer Kultur, in der sich Fast Food nicht umsonst etabliert hat. Wozu also zaudern bei der Entscheidungsfindung? Das ist nicht nur unnötig, sondern geradezu anmaßend! Ja, ich würde sagen, das ist eine bodenlose Frechheit und Verschwendung noch dazu. Zeit ist Geld. Was wir brauchen, ist also mehr Dummheit für schnellere Lösungen! Das ist mal eine echte Revolution von unten. Und ich bin ihr Anführer! Stell dir vor, wie wir die Welt verändern! Ich sehe eine grandiose Zukunft vor uns. Wir werden Häuser, Einkaufszentren, ja ganze Wohnviertel und Städte errichten, ohne davor monatelang herum zu zeichnen und herum zu planen, wir werden Bars und Kinos eröffnen, noch bevor die ersten Menschen dort wohnen, wir werden Objekte verkaufen, die uns noch gar nicht gehören. Alle Prozesse und Abläufe werden ein für alle Mal beschleunigt und vom ganzen Bürokratie-Müll befreit. Ideen werden sofort in die Tat umgesetzt. Kein langwieriges Herumwarten und Auf-die-Behörde-Gehen. Keine kilometerlangen Berechnungen von Bauingenieuren, Architekten, Ökologen. Denk nur, wie viel Geld wir da einsparen! Mehr als die Hälfte der Kosten fallen mit

Anleitung zum Dümmer werden

diesen überfälligen Einsparungen schon mal weg. Das ganze Herum-Philosophieren über Bausubstanz, Denkmalschutz und Grünflächen ist sowieso umsonst. Wenn die Brücke einstürzt, stürzt sie eben ein. Göttliche Vorsehung. Kann man nichts machen. Dann wird eben wieder eine neue gebaut. So kann unsere Wirtschaft endlich wirklich blühen, neue Gebäude können entstehen, an den ungewöhnlichsten Orten, mit den unterschiedlichsten Formen. Freier Raum ist das Leitwort! Alle reden ja immer davon. Vom freien Raum und von Freiraum. Ich biete beides! Der Raum gehört uns und wir machen mit ihm, was wir wollen. Ist das nicht fantastisch? Mit diesem Projekt habe ich den Zeitgeist natürlich haargenau getroffen. Sparmaßnahmen und Ressourcenorientierung, sage ich da nur. Die konsequente Umsetzung muss selbstverständlich auch kontrolliert werden, wobei Verbesserungsvorschläge stets willkommen sind. Dazu kann ich dir ein Beispiel erzählen.

Einmal hatte ich einen süditalienischen Klienten, der an der Spitze einer großen Unternehmerfamilie stand. So hat er mir jedenfalls seinen Job erklärt. Die Aufträge reichten von Müllentsorgung über Textilindustrie bis zum Baugewerbe. Um Kosten und vor allem teuren Rohstoff zu sparen, hat sich der Boss nun überlegt, den Beton zu strecken und nicht nur allerhand lautere Substanzen hinzuzufügen, sondern hie und da auch Menschen unterzumischen. Also das finde ich schon bemerkenswert, wie ökologisch und günstig er so produzieren kann! Wenn du jetzt also auf einer Straße fährst, liegen unter dir einzementierte Personen und wenn du dich an eine

Barbara Ladurner

Hauswand lehnst, ist dort unter Umständen eine Leiche eingemauert. Überleg mal, welch unglaubliche Leistung! Du riechst die Toten nicht, du siehst sie nicht, sie nehmen keinen Platz weg und erfüllen ganz nebenbei noch einen praktischen Zweck. Das ist sicher die Idee der Zukunft! Wo sollen wir denn sonst alle hin, wenn unsere Jahre abgelaufen sind? Also bei mir steht es schon fest, mein Mausoleum ist im Bau. Aber du? Wir haben jetzt schon keinen Platz für die ganzen Friedhöfe, die zunehmende Überalterung der Gesellschaft macht das auch nicht besser.

Wir brauchen endlich eine entbürokratisierte Welt, in der wirklich jeder machen kann, was er will. Die ganzen Gesetze, Regelungen, Verordnungen verkomplizieren doch nur unser Dasein und es versteht sie sowieso kein Mensch. Oder hast du dir schon einmal mehrere Paragraphen aus irgendwelchen Gesetzbüchern durchgelesen und auf Anhieb verstanden? Eben. Verdünnen, beschleunigen, erleichtern. Das ist das Programm, welches nur mit Dummheit erreicht werden kann und uns eine so viel bessere Welt erschaffen wird. Auch die ganzen Gefängnisse und sonstigen Anstalten bringen nichts und noch dazu werden die Häftlinge dort von unserem Geld unterhalten! Dabei könnten sie sich so viel nützlicher in unserer Gesellschaft einbringen. Ich zum Beispiel habe ja ein paar Ex-Sträflinge beschäftigt. Leute, die nicht zahlen wollen, Leute, die bezahlt haben, wo aber noch mehr drin ist, Leute, denen ich aus irgendwelchen unnachvollziehbaren Gründen unsympathisch bin. Das Einsatzfeld ist weitläufig, Tendenz zur

Anleitung zum Dümmer werden

Expansion. Da gibt es also genug zu tun für solche Menschen. Anstatt sie einzusperren, sollte man deren Potenzial nutzen! Wie oft höre ich vor allem von Eheleuten, dass sie den Partner am liebsten auf den Mond schießen würden. Aber sie tun es dann meist doch nicht. Ziemlich inkonsequent. Für solche Fälle wäre die Unterstützung eines Professionellen bestimmt von Hilfe. Der hat die Erfahrung, das Know-how dafür. Mit entsprechenden Referenzen könnte er sicherlich auch viel Geld verlangen und seine Tätigkeit als normales Gewerbe anmelden. Steuern zahlen und so. Dann hätten wir alle mehr davon. Das versuche ich übrigens auch gerade bei den ganzen Nutten durchzuboxen. Vögeln den ganzen Tag rum, kriegen auch noch Kohle dafür und zahlen nichts ein. Das geht ja nicht. Es sagen immer alle, dass sie den Job gerne machen und dass es eine Dienstleistung wie jede andere ist. Aber wenn's dann gerade bequem ist, wird von Ausbeutung und Schutz der Frauen geredet. Ich frage mich ja, wer vor wem geschützt werden muss. Neulich bin ich abends spazieren gegangen, da hüpft auf einmal so eine Dame aus dem Schatten der Tankstelle und macht mich voll an. Sie grapscht mich an, reißt ihre Bluse auf, hebt ihr Röckchen. Ich kann mich fast gar nicht mehr wehren, da fährt Gott sei Dank eine Streife vorbei und bleibt stehen. Der Beamte kurbelt das Fenster runter und beginnt, mich lautstark zu beschimpfen. Ich kann es kaum fassen und drehe mich zu ihm um. „Das ist sexuelle Belästigung", rufe ich verzweifelt. „Genau", antwortet der Polizist. „350 Euro plus Kreditkarte." Ungläubig zücke ich mein Portemonnaie. Die Nutte tut inzwischen so, als würde sie heulen. Ich möchte die Situation erklären. Ein Blick

Barbara Ladurner

auf den bereitgelegten Schlagstock lässt mich dann doch verstummen. Nach ein paar Minuten ist alles vorbei. Hab gezahlt und darf jetzt weitergehen. Bevor ich um die Ecke biege, drehe ich mich noch mal zum Tatort um. Entsetzt erkenne ich, dass der Streifenwagen nur eine Attrappe und der Polizist wahrscheinlich gar keiner ist. So eine Schlampe! Wäre sie dümmer gewesen, wäre mir das nie passiert.

Da siehst du mal wieder, wie wertvoll meine Arbeit für das eigene Wohlbefinden ist. Und dieses hat schließlich oberste Priorität. Eigentlich geht es ja von Anfang an bei der ganzen Sache nur darum. Dass man selbst ein geiles Leben hat. Ist ja klar. Mir ist das schon gelungen. Dir? Komm, machen wir uns nichts vor. Aber ich kann dir weiterhelfen, wirklich. Von mir kriegst du das ultimative Rezept zum ewigen Glück. Nach meiner Behandlung wirst du dir über nichts mehr Gedanken machen und du wirst nie mehr Sorgen haben. Ich weiß, das klingt jetzt alles so unglaublich toll, dass du schon ganz aufgeregt bist, wie ein Kind zu Weihnachten. Das ist ja das Schöne an meiner Arbeit. Diese weihnachtliche Freude kann ich dir für den Rest deines Lebens garantieren! Nie war Weihnachten so schön als zur Kinderzeit. Das ist nicht verloren! Am Ende der Behandlung wirst du wieder an den Weihnachtsmann und die Rentiere glauben, versprochen.

Anleitung zum Dümmer werden

Bei meinen anderen Klienten hat es bisher auch immer geklappt. Sogar bei den Atheisten. Du kriegst dann von mir im Advent einen leeren Wunschzettel, den du nur ausfüllen und an mich zurückschicken brauchst. Das ist dann wie früher, als du noch Briefe an das Christkind geschrieben hast. Mit dem vernachlässigbaren Unterschied, dass du mir einen den Preis der gewünschten Präsente deutlich übersteigenden Betrag vorab auf das Konto überweisen musst. Aber das soll die weihnachtliche Freude nicht trüben. Wie schön wird es sein, wenn du dann am Heiligabend vor dem Tannenbaum sitzt, auf einmal ein Glöckchen ertönt und dir einer meiner verkleideten Postboten mit Kunstbart die Geschenke überreicht mit den Worten: „Ich bin der Weihnachtsmann. Das sind die Geschenke, die du dir zu Weihnachten gewünscht hast. Ich gebe sie dir, weil du ein braver Junge warst." Du wirst vor Rührung in Tränen ausbrechen, weil du dir immer schon gewünscht hast, den Weihnachtsmann zu sehen, und eine unbeschreibliche kindliche Freude wird dein Gemüt erfüllen. Und in diesem Moment weiß ich, dass ich ein guter Mensch bin und dein Leben um so viel Schönheit und Freude bereichert habe, dass mir beim Gedanken daran trotz aller Bescheidenheit ganz warm ums Herz wird. Dann ist Weihnachten auch für mich. Wenn ich genüsslich vor meinen Kontoauszügen sitze und den überwältigenden Anblick genieße. Himmlisch. Dann leuchten die Sterne auch über mir. Ich liebe meinen Job.

Barbara Ladurner

Bei all dem Schmalz darf aber nicht vergessen werden, warum du überhaupt hier bist. Ich habe dir jetzt von mir und meiner Arbeit erzählt und dir den Sinn dahinter näher gebracht. Nach diesem ersten, allgemeinen Teil – der dir natürlich unheimlich gut gefallen und dich unendlich bereichert hat – schreiten wir nun zu den handfesten Taten. Du willst ja etwas lernen. Hast schließlich eine Anleitung gekauft. Du willst dein Leben endlich in die Hand nehmen und etwas aus dir machen. Du möchtest die Welt verändern, Gutes bewirken! Du möchtest geil, reich und schön werden! Und auch wenn dir das nie gelingen wird, willst du doch den Versuch dazu starten. Du willst endlich eine Frau oder einen Mann kennenlernen, du willst mal wieder so richtig vögeln und deinen ersten Orgasmus kriegen! Du willst einen Job finden, Geld verdienen, eine Familie gründen. Du willst, dass dein Partner dich besser versteht oder dich deine Arbeitskollegen nicht ständig auslachen. Du willst auf deine Kinder besser eingehen, die Menschen verstehen und du willst wissen, was in deinem Innersten wirklich vorgeht. Du willst deine Seele, deinen Körper und den deiner neuen Nachbarn erforschen, du willst einmal etwas Verrücktes tun in deinem Leben, du willst den Sinn des Lebens finden. Du willst nachts endlich einschlafen können, du willst jünger wirken, du willst bei den Leuten besser ankommen. Du willst dich gesünder ernähren, mehr Sport machen und gut aussehen. Du willst einen Hund kaufen, den deines Nachbars einschläfern und heimlich Tiervideos drehen. Du willst Geld, Macht und eine Prinzessin erobern. Du willst faulenzen, fernsehen und den ganzen Tag lang nichts tun dürfen. Du willst im Sozialsystem schmarotzen,

Anleitung zum Dümmer werden

einen Milliardär heiraten und Sklaven züchten. Du willst dich selbst erfahren, einen begehbaren Kleiderschrank und eine Immobilienfirma haben. Du willst ewiges Glück auf Erden, unvergängliche Freuden im Himmel und du willst zu den höchsten Erkenntnissen überhaupt gelangen. Wenn du all das oder auch nur einen Teil oder gar nichts davon willst, dann bist du bei mir richtig! All dies und noch viel mehr biete ich dir in meinem exklusiven Coaching und im nächsten Teil dieses Buches mit konkreten Tipps und Tricks zum Dümmer werden! Viel Spaß und viel Erfolg!

Anleitung zum Dümmer werden

Lies dieses Buch!

Ich weiß, dieser Ratschlag ist überflüssig, denn du liest es ja gerade. Aber empfehle es auch an Freunde, Arbeitskollegen und Bekannte weiter! Du willst schließlich zur Dummheit der Welt beitragen, oder? Na also. Machen wir es so. Du kaufst dir vorsorglich mehrere Dutzend Exemplare dieses Buches, damit du immer eines auf Lager hast, und drückst es jedem in die Hand, dem du zufällig über den Weg läufst. Abgemacht? Super. Du musst es natürlich nicht verschenken, wir wollen ja beide etwas davon haben. Kannst es zum doppelten Preis verkaufen, dann gehst du auch nicht leer aus. Wir müssen schließlich zusammenhalten. Das Ganze machst du dann so lange, bis mein Buch in der 20. Auflage erscheint, in hundert Sprachen übersetzt und weltweit vermarktet wird und du Zwischenhändler organisiert hast, die es für dich weiter vertreiben. Ist ein guter Deal, nicht wahr? Abgemacht.

Barbara Ladurner

Geh nicht zur Schule!

Geh nicht zur Schule, besuche keine Musikschule oder Fortbildungseinrichtung und schicke auch dein Kind nicht dorthin. Warum? Schule ist gefährlich. Selten, aber doch passiert es nämlich, dass ein Schüler durch die ihm zugeführte Bildung klug wird und selbstständig zu denken beginnt. Wir reden hier natürlich immer nur von Einzelfällen, aber um die Gefahr zu minimieren, sollte der Schulbesuch vermieden werden. Du würdest dein Kind ja auch nicht in einem ehemaligen Kriegsgebiet auslassen, in dem noch Minen lauern, auch wenn die Wahrscheinlich, bei einer Explosion wirklich zu sterben, bei 1:1.000.000 liegt. Gut, dann sind wir uns einig. Ich weiß, das Problem ist die Schulpflicht. Bin grade dabei, die entsprechenden Politiker zu korrumpieren, um die Gesetzeslage dazu zu ändern. Im Rahmen der elterlichen Fürsorgepflicht sollte die Bildung allein den Erziehungsberechtigten obliegen! Kann sein, dass ich mit dem Ganzen früher als geplant durchkomme, denn zur Zeit gibt es einen Wirbel um den Sexualkundeunterricht in der Schule. Da regen sich grade tausende von Eltern auf. Sie wollen die Aufklärung selbst in die Hand nehmen. Finde ich super, genau da könnte ich ansetzen! Nicht nur den Sexualkundeunterricht, sondern das ganze Bildungssystem wollen wir selbst in die Hand nehmen! Stell dir vor, was in so einer Institution alles vermittelt werden kann. Wird ja alles vom Staat penibel geplant und vorbereitet, der Staat nimmt

Anleitung zum Dümmer werden

ja auch die Selektionsverfahren und Ausbildung der Lehrer in die Hand, um den Schülern sein Credo jeden Tag ins Ohr zu träufeln. Das muss sich aufhören! Solange die Novellierung des Gesetzes zur Schulpflicht jedoch noch ausbleibt, müssen wir versuchen, wenigstens das Schlimmste zu vermeiden. Von meinen laufenden Projekten zum Lehrer-Coaching und der Schulumgestaltung habe ich dir schon erzählt, jetzt bist du an der Reihe. Du kannst dein Kind schließlich selbst unterrichten! Das wäre das Allerbeste überhaupt! Hausunterricht. Aber ohne teuren Privatlehrer, das kannst du selber. Ist ja nicht so schwierig, dem Nachwuchs beim Playstation-Spielen oder Fernsehen zu helfen. Wenn dann ein Inspektor kommt, sagst du, dass du den Schwerpunkt auf mediale Bildung legst. Er wird sicher beeindruckt sein. Bevor er dann noch genauer nachfragt, servierst du ihm einfach selbstgebackene Cookies und er wird einen schönen Tag verbringen. High live. Somit hast du vielen Leuten was Gutes getan: Dir, weil du nie das Gefühl haben wirst, dass dein Kind gescheiter ist als du. Dem Kind selbst, weil es lebenslang alle Vorteile eines dummen Menschen genießen wird. Dem Inspektor, weil er einmal in seinem Leben Spaß hatte und der ganzen Menschheit sowieso, weil du meine Arbeit zum Heil der Welt unterstützt.

Falls du jetzt blöderweise ein intelligenter Mensch sein solltest, vielleicht gar ein Akademiker – ich wage es ja zu bezweifeln – dann haben wir jetzt natürlich ein Problem. Dann solltest du das Kind vielleicht doch lieber zur Schule schicken. Aber nicht in irgendeine. Eine Privatschule sollte es schon sein. Dort wird

Barbara Ladurner

genauer selektiert. Das finanzielle Niveau spielt eine allesentscheidende Rolle. Wenn du entsprechend ausgestattet bist, wird dein Kind nie lernen müssen. Auch so könntest du den gefährlichen Weg der Schulbildung übergehen. Also dann, mach dich ran. Es lebe die Bildungsrevolution!

Anleitung zum Dümmer werden

Beginn zu rauchen!

Wenn du es nicht eh schon tust, solltest du jetzt unbedingt damit anfangen. Es ist bewiesen, dass das Rauchen – vor allem bestimmter Substanzen, die ich hier nicht nennen darf – praktischerweise zum Absterben tausender Gehirnzellen beiträgt. So wie das Saufen, das ich dir übrigens auch ans Herz lege. Das Ausmerzen dieser kleinen, unnützen Viecher im Kopf kann so in großem Stil vorangetrieben werden. Noch dazu macht diese Therapie Spaß. Du kannst ja z.B. gemütlich auf dem Sofa rauchen und trinken und warten, bis du bunte Luftschlangen aus dem Fernseher vor dir aufsteigen siehst. Und ganz nebenbei tust du dir so etwas Gutes. Die für diese Behandlung notwendigen Mittel kriegst du ganz einfach in jedem Tabakladen und in jedem Supermarkt. Wenn du zu faul bist, selbst am Abend rauszugehen und das Zeug zu kaufen, dann schick deine Tochter. Ein bisschen geschminkt und mit High-Heels fragt sie bestimmt keiner nach dem Alter. Außerdem kann sie so ihr Erspartes sinnvoll für dich verwenden. Man muss den Kindern ja früh genug beibringen, dass sie sich auch mal um die Alten kümmern müssen und nicht so verdammt egoistisch sein sollen. Wo kommen wir sonst hin. Und falls du Stoff brauchst, musst du auch nicht weit gehen. Meine Typen sind in der ganzen Stadt verteilt. Wenn du denen sagst, dass du ein Freund von Jens Dummermann bist, kriegst du eine Sonderbehandlung. Das hab ich schon mit ihnen vereinbart. Dann zahlst du den doppelten Preis. Müssen ja

Barbara Ladurner

zusammenhalten, du und ich! Wenn du aber in einem beschissenen Kuhdorf wohnst, hast du natürlich ein echtes Problem. Also nicht nur wegen dem Zeugs. Weil da kann ich dir dann auch nicht mehr helfen. Ich meine mental, psychisch, Knacks im Kasten. Weiß ja jeder, dass frische Landluft dem bösartigen Treiben deines Gehirns Aufwind gibt. Außerdem würde bald das ganze Dorf wissen, dass du rauchst und trinkst und rumsitzt. Schon so manchem hat genau das geschadet, der hat sich dann genötigt gefühlt, in die Stadt zu ziehen, wo es jedem scheißegal ist. Daher mein nächster Tipp:

Anleitung zum Dümmer werden

Zieh in die Stadt!

Ich nehme an, dass du eh schon in einer Stadt wohnst, aber falls ich mich da täusche, solltest du das ruhige Landleben ganz schnell bleiben lassen. Es ist gefährlich! Hähne, die dich in aller Herrgottsfrühe aus dem Schlaf krähen. Kühe, die dich auf der Straße überfahren könnten. Oder umgekehrt. Und vor allem Bauern, die sich in lieber Fürsorge jeden Tag das Maul über dich zerreißen und dir schmeichelnd Körbe voller Fallobst vor die Tür stellen, um dich gleich darauf zur Mithilfe beim Heuarbeiten zu nötigen. Als Dank kriegst du dann noch ein paar salmonellenvergiftete Eier mit nach Hause. Das antibiotikaversetzte Fleisch musst du selber kaufen. Hat ja alles seinen Preis. Wenn du in die Apotheke gehst, wirst du auch einen Batzen Geld los, und hast aber noch nichts zwischen den Zähnen.

Das Schlimmste am Dorfleben sind aber eindeutig die sozialen Kontakte. Deine Nachbarn wissen alles über dich, alles! Mehr als du selbst! Jeden Tag fünf verschiedene Schlampen, während deine Frau arbeiten geht – einer muss ja das Geld nach Hause bringen und in Zeiten der Emanzipation und des Feminismus kannst du dich auch einmal zurücknehmen – das kannst du im Dorf glatt vergessen! Aber selbst wenn du alleine lebst, würden die Nachbarn es sofort merken, wenn du z.B. verstorben wärst. Stell dir das mal vor! Dein Abkratzen geht die doch einen Scheiß an! In der Stadt würde dir so etwas nicht passieren. Höchstens im Sommer, wenn du schon

Barbara Ladurner

einen Winter lang herumgelegen bist. Das aber auch nur, wenn du deine Wohnung nicht ordentlich geruchsisoliert hast. Im Dorf, da sind die Leute wirklich nicht zum Aushalten. Mischen sich in alles ein, sind immer zur Stelle, zwingen dich in verschiedene Vereine. Ist ja klar, dass du so zu nichts kommst. Wie soll es dir unter diesen Umständen auch bitte möglich sein, tagelang vor dem laufenden Fernseher abzukacken, nichts zu tun und in Ruhe zu verblöden? In der Stadt ist das anders. Da ist das alles und noch viel mehr ohne Probleme möglich. Im Gegenteil, da sind die Leute heilfroh, wenn sie dich nicht kennenlernen oder mit dir reden müssen! Das gilt auch und insbesondere für die Nachbarn. So kannst du deine wohlverdiente, herrliche Ruhe genießen! Außerdem bietet die Stadt ja auch sonst einfach viel mehr an Angeboten. So kannst du aktiv deine Verdummung vorantreiben. Es gibt so viele Lokale, Discos, Szenen und Möglichkeiten, irgendwie deine kognitiven Fähigkeiten auf ein Minimum zu reduzieren. Aufpassen musst du halt bei der Auswahl der Veranstaltungen, das ist klar. Da darf dir kein Fehler passieren. Sonst landest du womöglich noch versehentlich in einer Oper oder in einem Theater oder so. Aber selbst dort gibt es überall Fluchtwege. Die Sicherheitsvorkehrungen sind heutzutage ja wirklich nicht schlecht. Trotzdem bin ich gerade dabei, sie noch etwas zu verschärfen. Nur für den Fall. Ich habe beim Sicherheitsministerium angesucht, Schilder mit der blinkenden Leuchtschrift „Achtung, Bildung" anfertigen und bei entsprechenden Veranstaltungen aufhängen zu lassen. Damit jeder weiß, welches Risiko er eingeht. Bis alle Bildungsaktivitäten nicht sowieso gesetzlich verboten werden, finde ich diese Regelung eine ganz gute Zwischenlösung für Dummheitsbewusste. Was meinst du?

Anleitung zum Dümmer werden

Lies viel!

Es ist eigentlich ganz egal, was du liest – Hauptsache, du liest! Hast du diesen Satz so oder ähnlich auch in deiner Schulzeit vom Deutschlehrer gehört? Er stimmt auch. Mit einer kleinen Einschränkung: Schiller und Co solltest du auf Ende der Behandlung verschieben, wo du vom Text eh nicht mehr verstehen wirst als die zusammenhanglose Aneinanderreihung von Buchstaben und wo es schon ganz egal ist, ob Weltliteratur oder Pornohefte vor dir liegen. Letztere solltest du übrigens unbedingt abonnieren. Ebenso wie die wichtigsten Klatsch- und Frauenzeitschriften und natürlich die Tageszeitung. Ganz oben auf der Liste stehen die Gratisexemplare, die freundlicherweise immer bei den U-Bahnstationen aufliegen. „Heute", „Österreich" und wie sie alle heißen. Die Krone- oder Bild-Zeitung dürfen in einem wahren Dummheits-Haushalt selbstverständlich auch nicht fehlen. Das Tolle an diesen Zeitungen ist, dass du sie sogar dann verstehen wirst, nachdem du mit dem Verblödungs-Training fertig bist. Du wirst dich vielleicht ein bisschen anstrengen müssen bei den Fließtexten, aber die sind ohnehin ganz kurz und spielen eine Nebenrolle. Deine Mühe wird sich dann lohnen, weil die Texte deinen Verblödungsprozess auf jeden Fall weiterhin stimulieren. Dasselbe gilt für die fetten Überschriften, die sogar ein Blinder lesen kann, und dem Kernelement dieser Zeitungen – der Bilder. Besonders interessant sind die Aufnahmen von Gewaltdelikten und die Darstellungen der

Barbara Ladurner

manchmal leider nur fast nackten Weiber. Ach, fast hätte ich den Sportteil vergessen! Dieser ist natürlich mindestens genauso wichtig wie der Wetterbericht, das Horoskop und die erotischen Kontaktanzeigen.

Du liest lieber Bücher? Auch gut. Bediene dich einfach im Regal der Bestseller, da wirst du bestimmt fündig. Natürlich gibt es auch jede Menge kluge Bücher, aber die brauchst du nicht zu fürchten. Sie sind so gut versteckt in den Buchhandlungen und Bibliotheken, dass du schon auf den Knien robbend in den untersten Regalen suchen oder dir extra eine Leiter besorgen müsstest, um vielleicht eines davon ausfindig zu machen. Absolut zu vermeiden sind auch Esoterik-Buchhandlungen. Denn die Bücher dort sind so dumm, dass du sogar Intellekt dafür aufbringen müsstest, den Sinn darin zu verstehen. Und das wollen wir ja nicht, nicht wahr? Eine weitere gute Möglichkeit, mit dem Dümmer werden voran zu kommen, ist folgende: Wenn du deine Verblödungszeit drastisch verkürzen möchtest, gehe in eine Schule und frage den Deutschlehrer, ob du Schülertexte durchlesen darfst. Die Lektüre wird dir ungeahnte Welten, nein Abgründe eröffnen, das glaubst du gar nicht! Musst du ausprobieren. Und wie bereits in Punkt 2 angedeutet: Mach dir keine Sorgen. Die Wahrscheinlichkeit, auf einen guten Schülertext zu treffen, ist verschwindend gering. Das heißt, du läufst keine Gefahr, von einer Intelligenzbombe getroffen zu werden. Gott sei Dank. Wäre ja schade, bei deinem Köpfchen!

Anleitung zum Dümmer werden

Werd Veganer!

Eine große Rolle beim Dümmer werden spielt natürlich auch die Ernährung. Du weißt ja, die Ernährung spielt in alle wichtige Lebensbereiche und macht auch vor den intellektuellen (Un-)Fähigkeiten keinen Halt. Input ist gleich Output. Weiß man schon lange. Deshalb solltest du deine Essgewohnheiten ab jetzt drastisch umstellen. Lebe vegan! Vegetarisch ist auch schon gut, aber bei den Veganern fallen die ganzen für das Denken wichtigen Proteine und Vitamine der tierischen Produkte, z.B. Eier, auch noch weg. Das erleichtert uns die Arbeit ungemein. Je mehr Nährstoffe und Substanzen du deinem Körper entziehst, desto weniger funktioniert deine Maschinerie im Kopf. Ist ja logisch. Wie bei der Dampflok, die fährt auch nur bei Kohle. Da musst du die ganze Zeit reinfeuern. Beim Menschen ist das Prinzip dasselbe, aber weil du ja nicht einfach nicht mehr essen kannst, da sonst gar nichts mehr fährt, musst du halt schauen, was du zu dir nimmst. Je ärmer, desto besser. Also das Essen. Nicht sonst. Daher ist der vegane Life-style eine ganz gute Lösung. Es gibt noch bessere, wo du nur vom Baum gefallenes Obst isst und so, aber da man in der Stadt selten Obstbäume pflanzt, geht das schlecht. Du könntest dich natürlich, wie mein damaliger Klient, auch vom Stadtleben lossagen und als Einsiedler in der Einöde leben. Das geht auch. Finde ich super! Da kannst du Graskuchen machen und Klee essen und sowas. Das wäre dann die allerbeste Variante. Ansonsten, wie gesagt, wenigstens fleischlos!

Barbara Ladurner

Weiß man ja schon lange, welch außerordentliche Rolle Fleisch und die gekochte Nahrung in der Evolution und speziell bei der Entwicklung des menschlichen Gehirns gespielt haben. Dadurch ist der Mensch erst zum Homo sapiens geworden! Zu einem intelligenten oder besser intelligenzfähigen Wesen! Ach, wäre dieser Kelch doch an uns vorüber gegangen! Wie glücklich säßen wir noch beisammen, am Lagerfeuer, vor einem frischen Salat, die Mütter bei den Kindern, die Väter bei den Jungfern. Aber nein, unsere Vorfahren mussten ja unbedingt Fleisch essen. Und unser Gehirn wuchs und wuchs und wuchs und heute haben wir das Dilemma. Doch die Evolution kann rückgängig gemacht werden, wenn wir uns ab jetzt fleischlos und vegan ernähren! Nehmen wir uns die Grünnasen zum Vorbild! Und das Ding im Kopf wird endlich abschwellen, damit wieder mehr Platz in der Hose bleibt.

Anleitung zum Dümmer werden

Betreib Sport!

Dir hat man immer eingeredet, Sport sei gesund und fördere auch die kognitive Entwicklung? Kann ich nur lachen. Warst du schon mal in einem Fitnesscenter? Der Hochburg des Sports? Nein? Ich schon. Und ein Faust ist mir dort noch nie untergekommen. Hab ja jahrelang als Trainer im Fitnesscenter gearbeitet und ich kann dir versichern, dass dort eine intelligenzfreie Zone ist. Mit den Muskeln scheint auch die Dummheit zu wachsen. Praktische Sache. Die Rechnung ist ganz einfach. Außen wohl, innen hohl. Gilt natürlich auch für mich. Aber das weißt du ja schon. Ich empfehle dir also dringendst, dich gleich heute ins Fitnesscenter einzuschreiben. Und regelmäßig hinzugehen. Das bringt's voll. Jeden Tag stundenlang Gewichte heben, schwitzen, joggen, wieder Gewichte stemmen und nebenher in die Röhre glotzen. Am besten Sportprogramme. Das feuert den Ehrgeiz an. Außerdem willst du ja nicht nur dümmer, sondern auch geiler werden. Der Speck muss also weg! Damit noch gerettet werden kann, was noch zu retten ist. Wenn du hässlich oder fett bist, kannst du mit Sport was bewirken. Dann kriegst du vielleicht auch mal eine ab. Wenn du eine Frau bist, kann ich dir nur sagen, Bauch-Beine-Po. Sonst wirst du immer nur mit Dildo. Du siehst, Sport kann einiges ausgleichen. Einen zu hohen Intelligenzquotienten zu Gunsten eines geilen Körpers, Schönheitskomplexe gegen Muskelkater. Und mit jedem Mal Gewichte stemmen wirst du dümmer. Dein Bizeps nimmt zu, dein Denkmuskel ab. Die ideale Kombination für unsere Zwecke!

Barbara Ladurner

Also, melde dich an! Ganz nebenbei sind natürlich noch die schönen Ausblicke auf die Tussen zu erwähnen, die schon länger trainieren und vor dir auf dem Rad sitzen. Knackarsch, Modelfigur. Alles gut sichtbar aufgrund der äußerst knappen, weit ausgeschnittenen und eng anliegenden Kleidung. Geil. Als ich noch Fitnesstrainer war, hatte ich immer viel Spaß mit diesen Schnitten. Ich half ihnen bei den Übungen, betatschte sie so oft es ging. Auch um den anderen Typen zu vermitteln, wer hier nachher mit Vögeln dran ist. Und sie himmelten mich an. War eben der Trainer. Der Boss. Der Gott des Sports, der alles weiß und alles kann. Dem keine Gewichte zu schwer und keine Strecken zu weit sind, bei dem jeder Muskel sitzt und den man am liebsten immer ohne oben sehen würde. Natürlich habe ich auch mit der Technik des Händeauflegens gearbeitet. Also sie dürfen bei mir fühlen, wie sich die Bauchmuskeln und andere anspüren sollten und umgekehrt. So haben wir uns schon für den nach dem Training anstehenden Saunagang aufgewärmt. Natürlich haben die Ladys von mir eine Sonderbehandlung erhalten. Privatlektionen, Einzel-Nachhilfe, Hausbesuche. Das haben sie sich ja auch verdient, nach all dem harten Training. Aber genug von mir, jetzt bist du dran. Schreib dich ein und los geht's! Und denk dran, dran bleiben! Jeden Tag ein paar Stunden. Stell dir vor, wie viel Zeit du dadurch auch rumbringst, ohne Gefahr zu laufen, was Intellektuelles zu tun und damit unsere ganze Arbeit zunichte zu machen. Nein, nein. Schön durchhalten! Denk an unser Ziel, die Tussen, meinen perfekten Body und daran, dass du auch annähernd so geil werden willst. Das sollte als Motivation reichen.

Anleitung zum Dümmer werden

Werd Beamter!

Deine berufliche Karriere darfst du im Verdummungsprozess natürlich auch nicht vernachlässigen, spielt sie bei der Einschränkung deiner kognitiven Fähigkeiten doch eine tragende Rolle. Am besten wäre es, wenn du überhaupt nicht arbeiten müsstest, da sind wir uns einig. Herumsitzen, Arbeitslosengeld kassieren und in aller Ruhe verblöden. Aber solange du noch nicht so weit bist oder wenn du das Pech hast, in einem der beschissenen Länder zu leben, in denen du tatsächlich arbeiten gehen musst, um Kohle reinzubringen, solltest du wenigstens auf die Wahl deines Brot-Jobs achten. Es gibt mehrere gute Möglichkeiten, unserem Ziel näherzukommen und gleichzeitig Geld zu verdienen. Die beste ist sicherlich die, Beamter zu werden. Hast du das einmal geschafft, musst du nie wieder einen Finger rühren. Du sitzt also da in deinem Büro, beziehst monatlich ein ordentliches Gehalt und wenn hie und da doch einmal Leute vorbeischauen oder anrufen, beschwerst du dich darüber, wie viel Arbeit du doch hast und sagst, dass du für deren Anliegen nicht zuständig bist. „Nicht zuständig" ist sowieso das Zauberwort in dieser Branche. Wenn du weiterkommen und bei deinen Arbeitskollegen glaubwürdig rüber kommen willst, musst du es so oft als möglich in den Mund nehmen. Nur dann werden sie dich als ihresgleichen betrachten. Für welche Arbeit genau du „nicht-zuständig" bist, ist für unser Vorhaben eigentlich egal. Post, Verwaltung, Inspektorat. Hauptsache, du bringst genügend schlechte Laune und ausreichend Sitzfleisch mit. Lehrer ist

Barbara Ladurner

natürlich auch eine gute Möglichkeit, vor allem jetzt mit meinen Verbesserungsansätzen in Auswahl und Selektion. Aber eigentlich schaffst du es ob des regen Austauschs mit Vorgesetzten, Kollegen und insbesondere Schülern und deren Eltern auch so, dein geistiges Niveau auf ein Minimum zu reduzieren. Lehrer-Sein hat natürlich auch sonst irrsinnig viele Vorteile – die Sommerferien, die Herbstferien, die Weihnachtsferien, die Semesterferien, die Osterferien, die schulautonomen freien Tage usw. Hört gar nicht mehr auf.

Falls dir jedoch das Image des faulen Beamten nicht gefällt, welches, unter uns gesagt, natürlich nur eine lächerliche Untertreibung der viel bequemeren Realität ist, dann gibt es noch einen anderen ganz passablen Arbeitsplatz für dich, der unserem Projekt in die Hände spielt: die Bank. Hört sich gut an, wenn man sagt, dort zu arbeiten. In der Tat ist es auch das Beste, was man tun kann, um den Verdummungsprozess zu beschleunigen. Die allermeisten Angestellten liegen mit ihrem IQ schon längst unter der Schmerzgrenze und der Kontakt mit den Kollegen wird auch deinen bald entsprechend anpassen. Außerdem ist das ein Ambiente, wo ziemlich heiße Bräute rumlaufen. Kurzer Rock, enge Bluse, High-Heels. Echte Hingucker. Die werden schon so selektiert. Das gilt natürlich auch für die anderen Mitarbeiter, die mit dem IQ. Ehrlich. Die geilsten Tussen kriegen auch eine echt steile Karriere hin, solange sie gut ausgeprägte orale Fähigkeiten haben. Nein, ich rede doch nicht von Gesprächsführung und so einem Quatsch. Das ist dem Chef überlassen. Ja genau, der mit dem fetten Porsche und dem fiesen Dauergrinsen im Gesicht. Der, der

Anleitung zum Dümmer werden

sich Milliarden von Euro in die eigenen Taschen schiebt und den Mitarbeitern was von Sparmaßnahmen erzählt. Ist auch richtig so, sonst könnte er sich womöglich seine zehnte Villa am Como-See nicht leisten. Die Angestellten verstehen das. Haben vollste Rücksicht, machen auch extra unbezahlte Überstunden und verzichten auf ihr dreizehntes, damit er weiterbauen kann. Die meisten von den jungen Mitarbeitern werden sowieso nie richtig angestellt, hanteln sich nur so von Praktikum zu Praktikum. So genießen sie absolute Flexibilität. Jeder Arbeitstag könnte der letzte sein. Auch sonst haben sie allerhand Vorteile – in der Filiale z.B. kommen sie in Kontakt mit vielen unterbelichteten Kunden, die das eigene geistige Niveau angenehm zu senken im Stande sind. Kaufen doch glatt Aktien, die eh morgen in den Keller stürzen. So können die Mitarbeiter problemlos ihre Finanzprodukte loswerden und die Rüge des Chefs bei der Teambesprechung vermeiden. Aufpassen müssen sie halt bei der Kassa, denn wenn sie da Fehler machen, müssen sie sie aus eigener Tasche bezahlen. Aber es geht ihnen gut dabei, haben sich noch nie beschwert. Das ist eben das Schöne an meiner Arbeit. Dumm-Sein gibt einem so ein Gefühl der Zufriedenheit, wie man es sonst kaum erreichen könnte. Ich freue mich jedenfalls total für die ganzen Mitarbeiter. Sie leben echt in einem Paradies. Könnte man fast neidisch werden. Aber schreiten wir zu den Taten: Nimm deinen Lebenslauf, streiche das meiste, füge ein paar geile Bilder hinzu und bewirb dich sofort! Wenn du die von mir genannten Einstellungskriterien berücksichtigst und dich beim Gespräch noch ein bisschen dümmer stellst als du ohnehin schon bist, klappt es ganz bestimmt!

Barbara Ladurner

Günd eine Familie!

Was gibt es Schöneres, als eine geile Frau oder einen reichen Typen an deiner Seite und das süße Lächeln deines Babys? Dass dieses den ganzen Tag und, was noch schlimmer ist, die ganze Nacht hindurch wie am Spieß schreit und in die Windeln kackt, lassen wir hier kurz beiseite. Es gibt bestimmt nichts Erfüllenderes für einen Menschen, als sonntags gemütlich im Kreise der Familie zu sitzen oder mit Kind und Kegel einen Ausflug zu unternehmen. Außer vielleicht ein Treffen mit Freunden, eine durchzechte Nacht oder ein paar geile Weiber im hauseigenen Pool. Doch diese Details stören jetzt nur die Idylle, die ich gerade zu schaffen versuche. Kurzum, Familie ist das Beste, was es gibt. Nach Freunden, Arbeit, Fußball und Co, versteht sich. Deshalb solltest auch du keinesfalls darauf verzichten, zu heiraten oder wenigstens fest zusammenzuleben und selbst Kinder in die Welt zu setzen. Als Frau musst du einmal den Schmerz der Geburt erlebt haben, um zu wissen, wozu du wirklich berufen bist, und als Mann wird dir dann einmal mehr klar, dass du eigentlich viel zu geil bist, dich um deine brüllende Frau und das weinende Kind zu kümmern. Diese tiefen Erkenntnisse werden dich natürlich nicht daran hindern, dem Schicksal seinen Lauf zu lassen und deine Sprösslinge durchzufüttern, bis sie dir eines Tages ihren Dank dadurch erweisen, indem sie dich im nächsten Altenheim abliefern. Aber das kommt ja alles erst viel später. Zuvor ist da noch diese unsägliche Freude über das

Anleitung zum Dümmer werden

vermeintliche Familienglück und das solltest du auch genießen, bevor es spätestens in wenigen Tagen wieder mehr als vorbei ist. Um dich zu bewahren vor der fast unvermeidlichen Desillusion, werde ich dir hier ein paar Tricks mit auf den Weg geben, die dich dümmer und damit auch dauerhaft glücklicher machen werden.

Streite so oft es geht mit deinem Partner! Das wird sich sowieso nicht verhindern lassen, also genieße diese Augenblicke der Einfalt und der ewigen Diskussion über die nicht aufgeräumten Tennissocken. Streite außerdem so oft es geht mit deiner Schwiegermutter! Auch das passiert ohnehin ständig, weshalb du dich gar nicht erst darüber aufregen solltest, im Gegenteil. Diese Sternstunden der zwischenmenschlichen Kommunikation werden dein geistiges Niveau massiv eingrenzen und den Verdummungsprozess drastisch verkürzen. Dazu trägt natürlich auch der ständige Kontakt mit deinem Baby bei, welches die ganze Zeit nur doof herumliegt und heult. Es spricht nicht, bewegt sich kaum und nervt. Ganz klar, dass sich hier tausende von Gehirnzellen freiwillig verziehen. Wo ist da die intellektuelle Herausforderung? Richtig. Sie war noch nie weiter von dir entfernt. Deshalb ist es ja auch gut, so viele Kinder als möglich zur Welt zu bringen. Außerdem brauchst du dann auch nicht mehr arbeiten gehen. Kannst vom Kindergeld leben. Nasse Windeln, Durchfall, das neueste Babyshampoo. Das werden die neuen Themen, die dich Tag und Nacht beschäftigen und dir den Schlaf rauben werden. Der Spaziergang mit dem Kinderwagen, das Herumsitzen auf der Parkbank vor dem

Barbara Ladurner

Kinderspielplatz und der höchst philosophische Austausch über Markenschnuller und Pflichtimpfungen hingegen deine täglichen Beschäftigungen. Ganz klar, das Hirn schrumpft. Und das ist gut. Aber auch wenn der Sprössling größer ist, hört es nicht auf, spannend zu bleiben. Die unzähligen, von Hysterie begleiteten Diskussionen mit deinem Heranwachsenden sind schließlich von größter Relevanz für unser Projekt, denn noch nie hast du so schlechte Argumente dafür gehört, warum Lieschen auf der Party von Hänschen unbedingt bis nach Mitternacht ausbleiben muss. Überhaupt ist all dies, was ich dir jetzt über deine Zukunft erzählt habe, sehr gut dafür geeignet, dich mental und psychisch abzustumpfen und daher absolut weiterzuempfehlen. Denn gelingt es dir, rechtzeitig in das Stadium des absoluten „Brain-Out" zu gelangen, wirst du auch nie zu der Einsicht kommen, dass die Familiengründung der größte Fehler deines Lebens war. Und so lebst du dann dumm und glücklich bis an dein Lebensende. Im Altenheim.

Anleitung zum Dümmer werden

Schließ die Unis!

Meinen geilen Vorschlag, Unis zu Bordellen umzufunktionieren, habe ich dir schon unterbreitet. Das ist wegen des Ambientes. Stil muss das Ganze ja schon haben. Ungewaschene Schlampen in dreckigen Rotlicht-Kabinen war früher mal. Aber jetzt bietet sich uns die einzigartige Möglichkeit, die bald überflüssigen Universitäten ein für alle Mal zu schließen und was wirklich Wert- und Sinnvolles draus zu machen. Einen Ort der Schönheit, der Sinnlichkeit, der Lust und der Begierde. Einen Ort, in dem sich sexuelle Fantasien erfüllen und sich Leute wie Freud oder Virchow auch lieber aufgehalten hätten als seinerzeit in den stinkenden Hörsälen. Warum die Unis überflüssig werden? Ist doch sonnenklar, wenn bald keine Kinder mehr zur Schule gehen und die neuen Werte des hedonistischen Lebens die Welt beherrschen, verlieren Universitäten ihre Daseinsberechtigung. Professoren sterben aus – das würden sie übrigens sowieso tun, werden ja keine neuen nachbesetzt – und Studenten bleiben aus. Da wird man sich dann um eine alternative Raumnutzung kümmern müssen, wäre ja sonst Verschwendung. Und mein Vorschlag ist eben der, aus dem Ort der Bildung einen Ort der Sinnlichkeit zu machen. So wird die Struktur wenigstens sinnvoll genutzt. Die ganzen Statuen und Säulen geben dem Ganzen einen Hauch von Antike und Eleganz. Räucherstäbchen und Musik unterstreichen das Ambiente. Erotisch. Das wird das ultimative Geschäftsmodell – „Professorin Jaqueline empfängt dich zur

Barbara Ladurner

Sprechstunde im Büro Nr. 6". Geil, oder? Und wenn du nicht gelernt hast, wirst du natürlich ordentlich dafür bestraft. Ja ja, gefällt mir. Den jetzigen Studenten sicher auch. Uni ist eh schon längst für die Katz. Büffeln sich zu Tode, um danach unbezahlte Praktika oder Teilzeitjobs im Supermarkt zu machen. Bevor sie zu alt dafür werden und arbeitslos sind. Werden ja immer nur die Jungen eingestellt. Ab Mitte zwanzig ist der Ofen aus. Ist ja klar, dann hast du fertig studiert oder kriegst vielleicht schon bald mal ein Kind oder so. In Wahrheit passiert das eh meist erst zehn Jahre später, weil die Hoffnung auf Karriere halt doch geblieben ist. Spätestens ab dreißig ticken die Weiber dann aber wirklich komplett durch. Dann muss ein Kind her, sofort, bevor es zu spät ist. Mit allen Mitteln, sag ich dir. Ich spreche aus Erfahrung, ich hatte mal eine Klientin im Coaching, die unbedingt schwanger werden wollte. Nur fehlte der Partner. Sie war zu intelligent. Deswegen war sie auch arbeitslos. Hatte Kunstgeschichte, Psychologie und Wirtschaftswissenschaften studiert und in Soziologie promoviert. Das war ja von vornherein klar, dass da keiner ran will. Na jedenfalls hab ich dann gesagt, kein Problem, das kriegen wir hin. Hosen runter, zick zack und 200 Euro pro Stunde. Nach ein paar Sitzungen war sie dann geheilt. Hatte ihr einen Schwangerschaftstest und eine komplette Reduzierung des Lebenslaufes verordnet. Beides positiv. Beim nächsten Bewerbungsgespräch konnte sie sich gegen ihre studierenden Mitbewerberinnen durchsetzen, weil sie anbot, für das geringere Gehalt zu arbeiten. Sicherheitshalber hat sie noch einen draufgesetzt und vorab die eigene Kündigung unterschrieben. Damit hatte sie die

Anleitung zum Dümmer werden

besten Referenzen und kriegte den Job. Neun Monate später übrigens dann auch das Kind. Ob sie ihre Stelle verlor? Nein. Sie arbeitete ja ohnehin nur auf Werkvertragsbasis und nach den zwei Monaten Mutterschaft übergab sie ihr Kind in eine kostenlose Betreuungsstätte, um weiterarbeiten zu können. Sonst wären die Studentinnen vielleicht dazwischengekommen. Oder andere Promovierte. Wer weiß. Heutzutage muss man dran bleiben, immer der Beste sein. Das ist ja der Scheiß. Wenn wir endlich diese Anstalten der Lebensnot – die Unis – schließen würden, wäre endlich Schluss damit. Was meinst du? Also ich finde das mit dem Laufhaus gut. Zwischen den Köpfen von Humboldt, Popper und Co.

Barbara Ladurner

Kauf dir einen neuen Fernseher!

Hast du schon? Kauf dir noch einen. Fernseher kann man gar nicht genug haben. Im Wohnzimmer, in der Küche, im Bad, im Schlafzimmer. Dort unter Umständen mehrere, damit du von überall gut hinsiehst. Was nützt dir das Teil sonst? Du musst immer einen guten Blick drauf haben. Also ich meine auch hinsichtlich deines Verdummungsprozesses. Da spielt die Röhre eine kaum zu überschätzende Rolle. Was gibt es Schöneres, Blöderes und Nutzloseres, als auf den bewegten Bildschirm zu starren? Eben. Darum ist er uns so heilig. Und darum gehst du jetzt in den nächsten Elektronikmarkt und kaufst dir noch einen, für unterwegs oder so. Alle Sender und Abonnements und Zugänge zu allen möglichen Kanälen sind sowieso Pflicht. Um jetzt den Verdummungsmechanismus des Fernsehers optimal nutzen zu können, solltest du ihn schon frühmorgens aufdrehen. Und dann am besten eingeschaltet lassen. Hast du dich mal vor den Kasten gehaut, wird deine Motivation – so wie ich dich kenne – sowieso nicht reichen, wieder aufzustehen und was anderes zu tun. Du wirst also gar nicht erst auf den Gedanken kommen, dich zu erheben und etwas zu arbeiten oder gar zu lernen. Niemals würde es dir in Sinn kommen, stattdessen ins Theater zu gehen, eine Oper anzuhören oder gar selbst ein Musikinstrument zu spielen. Stimmt's? Hast natürlich vollkommen recht dabei, wäre ja auch anmaßend zu

Anleitung zum Dümmer werden

verlangen, dich schon am frühen Morgen oder auch nach einem langen Arbeitstag mit Kunst oder sowas zu beschäftigen. Dreh also ruhig die Röhre auf und lass dich verführen in ein Land voller geiler Leben, die du sowieso nie führen wirst. Zappe dich durch die Kanäle, damit du auch ja nichts verpasst, und vergiss nicht deine Lieblingsserien aufzunehmen, falls du mal zu der Zeit verhindert sein solltest. Es ist enorm wichtig für unser Vorankommen, dass du dich mehr dem virtuellen Leben der Filmfiguren widmest als deinem eigenen. Dass du die täglichen Ereignisse derselben minuziös mitverfolgst, um darüber deine eigenen zu vergessen. So wird es dir gelingen, schneller dein Ziel zu erreichen und überdies ein anspruchsloseres und weitaus glücklicheres Leben zu führen. Worauf wartest du also noch? Nichts wie hin zur Elektronikabteilung. TV an, Hirn aus und es kann losgehen.

Barbara Ladurner

Meld dich bei Facebook an!

Falls du es aus irgendeinem Grund bis jetzt noch nicht getan haben solltest, dann ist nun genau der Moment dazu. Lege dir ein Konto bei Facebook an und werde Teil der größten Community der Welt! Es ist unglaublich, welch starke Wirkung das Netzwerk auf deine unmittelbaren kognitiven Fähigkeiten ausübt. Du wirst süchtig nach den immer neuen Postings deiner virtuellen Freunde, die du im wahren Leben noch nie getroffen hast. Und das Schöne dabei ist die Tatsache, dass die meisten Nachrichten, geteilten Videos und Artikel bestens dafür geeignet sind, unserem Ziel ein ordentliches Stück weiterzukommen. Die Meldungen überbieten sich gegenseitig in ihrer Gehaltlosigkeit und du liest sie tagtäglich, weil du ja sonst was unglaublich Wichtiges verpassen könntest. Dabei verlierst du natürlich auch jede Menge Zeit, die du sonst womöglich noch mit Arbeit oder Studium ausfüllen würdest. Kaum auszudenken! So aber sitzt du beruhigt auf deinem Sessel und wartest ungeduldig auf das vertraute Vibrieren und Klingeln deines Geräts, das dich über das Eintreffen neuer Meldungen oder persönlicher Nachrichten informiert. Dabei spielt es keine Rolle, ob du gebannt auf den Bildschirm deines PCs, deines Tablets oder deines Smartphones starrst. Wenn du eines dieser Geräte übrigens noch nicht besitzen solltest, wird es echt

Anleitung zum Dümmer werden

Zeit. Sonst bist du entweder ein Hinterwäldler oder ein armer Schlucker. Keine Ahnung, was schlimmer ist. Ständiger Internetzugang ist natürlich auch enorm wichtig. Sonst könntest du wirklich mal was versäumen. Der kommt dir außerdem ja auch sonst zu Gute, für die Arbeit zum Beispiel, wenn du samstags vor Mitternacht noch mal schnell ein paar Mails beantwortest oder die neuesten Pornofilme herunterlädst. Auch für die Arbeit. Ich kann dir also nur dringendst empfehlen, dich endlich auf den neuesten Stand zu bringen und dich aktiv auf den sozialen Netzwerken zu beteiligen. Nicht nur Facebook, auch Twitter, WhatsApp usw. Das ist auch gut für deine sprachliche Entwicklung. Damit du glaubwürdig rüberkommst nach Abschluss deiner Therapie. Da solltest du dann schon ein paar Abkürzungen, wie z.B. „gg", kennen und richtig anwenden und die entsprechenden Schreibregeln beachten. Auf keinen Fall darf es dir passieren, Nomen groß zu schreiben und Beistriche richtig zu setzen. Am besten, du lässt sie einfach ganz weg. Vollständige Sätze sind auch problematisch. Das wirkt schon irgendwie aufgesetzt, du willst ja nicht gebildet rüberkommen oder wie ein Hochstapler. Also lieber kürzen und straffen, wo es geht. Ein paar Fachausdrücke, z.B. „hastu" oder „gehma", wirst du dir auch aneignen müssen. Aber dann steht dir wirklich die ganze Welt der virtuellen Kommunikation offen und damit das herrlich wohltuende Glücksgefühl, das die Herzen der Menschen schon vor zehn Jahren erfüllte, als sie noch in Chatrooms saßen und sich mit wildfremden Leuten am Arsch der Welt über die entsprechende Wetterlage oder

Barbara Ladurner

die eigenen sexuellen Vorlieben austauschten. Lass dir das nicht entgehen! Nutze jetzt die einmalige Chance, dich auf Facebook und allen anderen Plattformen anzumelden und das Glück des täglichen Verdummens zu konsumieren! Teile der Welt heute noch deine ganzen persönlichen Daten mit, sag ihr, ob du gerade traurig oder fröhlich bist und am besten auch warum, teile Katzenvideos und die neuesten Fußballergebnisse und, ganz wichtig, gib mir und meinem Buch einen Daumen nach oben. Vergiss nicht, auch deine Freunde einzuladen, mein Buch zu liken und einen netten Kommentar dazu zu schreiben, bevor du wieder zum hundertsten Mal die Chronik aktualisierst und ungeduldig-sehnsüchtig auf den Signalton wartest, der das Eintrudeln einer neuen, lebensnotwendigen Nachricht ankündigt.

Anleitung zum Dümmer werden

Pfleg deine Freundschaften!

Ganz wichtig ist es natürlich, dass du nicht nur deine virtuellen Freundschaften auf Facebook, WhatsApp und Co pflegst, sondern auch deine echten im sog. realen Leben. Um unsere Verdummungsarbeit voran zu treiben, solltest du möglichst oft mit deinen Kumpels abhängen, nächtelang durch Bars ziehen, alle alkoholischen Getränke und verfügbaren Tussen ausprobieren und dann nach einem erfüllenden Abend mit Vollrausch neben deiner Partnerin ins Bett fallen. Es wird unserem Projekt zuträglich sein, wenn du dich jeden Tag mit deinen Kumpels triffst und über Fußball, Autos und Weiber redest. Dein schrumpfender Intellekt wird es dir danken. Das Ganze gilt natürlich auch für das schöne Geschlecht, falls du eine Frau bist und das hier gerade liest. Je öfter du dich mit deinen Tussenfreundinnen triffst und über Mode, den neuesten Lippenstift und Typen diskutierst, desto besser. Es gibt eigentlich nichts Beglückenderes und dem Verstand Abträglicheres als diese Zusammenkünfte. Stell dir vor, du würdest die Zeit, die du Julias neuem Kleid oder Martins fettem Audi widmest, mit dem Studium der Naturphilosophen oder dem Verfassen einer wissenschaftlichen Abhandlung über das Wirken von Sojourner Truth verplempern! Eben. Daher ist es gut, wenn du deine Freundschaften pflegst! Kannst ja auch mal eine Party schmeißen oder eine Runde Bier ausgeben oder zur neuesten

Barbara Ladurner

Shopping-Tour einladen. Solch wertvolle Kontakte musst du dir schließlich warmhalten! Sie halten dich von kognitiv anstrengenden Freizeitbeschäftigungen, dem Kennenlernen bebrillter Kulturfreaks und der totalen Vereinsamung ab und bereichern dein Leben außerdem mit tausenden von Messages, die ständig auf den sozialen Netzwerken eintrudeln, um dir Tag und Nacht eine zielfördernde Beschäftigungstherapie zu bieten. Dafür solltest du echt dankbar sein! Überleg mal. Was wäre, wenn du diese Freunde nicht hättest?

Anleitung zum Dümmer werden

Besuch deine Eltern!

Du bist schon längst erwachsen, aus dem Elternhaus ausgezogen und hast womöglich schon eigene Kinder? Das macht nichts. Besuche, so oft es geht, dennoch deine Eltern! Es gibt für unsere Arbeit nichts Zweckmäßigeres als das Gespräch mit den Alten. Genieße diesen hochgradig unintellektuellen Austausch über die Erziehung deiner Kinder, die schmerzenden Hüftgelenke und vor allem all das, was du in deinem Leben falsch machst und unbedingt ändern solltest. Beherzige diese Tipps! Sie werden dich ganz schnell dorthin führen, wo du landen möchtest – zu einem unselbständigen und im letzten Jahrhundert steckengebliebenen Geist. Du findest, dass ich übertreibe? Dann probiere es aus! Denke an all die Male – also jedes Mal, wenn ihr euch seht oder hört – in denen dich deine Eltern kritisieren und dir vorschreiben, wie du eigentlich handeln und leben solltest. Dein Partner ist nicht der richtige für dich, deine Kinder sind ungezogen, deine Frisur steht dir nicht, dein Auto solltest du mal wieder waschen, deine Bluse ist nicht richtig gebügelt, du bist mal wieder zu spät dran, dein Schweinsbraten ist nicht saftig genug, deine Wohnung zu wenig aufgeräumt, du wohnst in der falschen Stadt, du meldest dich zu selten und überhaupt ist dein ganzer Lebensstil verkehrt. Der Satz, den du am öftesten hörst, ist „So haben wir dich aber nicht erzogen" und alle anderen Diskurse beginnen und enden mit „Du musst…". Weißt du überhaupt, welch Glückspilz du bist, solche Eltern zu haben?

Barbara Ladurner

Falls du Geschwister hast, hast du doppeltes Glück. Das ist so wundervoll an der Familie und Verwandtschaft. Sie haben großzügig ignoriert, dass du schon selbst erwachsen bist und bevormunden dich immer noch wie ein Kind! Das eigenständige Denken und Handeln wird dir komplett abgenommen, und das kostenlos. Es werden dir Ratschläge und Gesprächsinhalte geboten, auf die du nicht mal nach Abschluss der Therapie gekommen wärst und du wirst behandelt, als wärst du noch unmündig. Ist das nicht wunderbar? Die Organisation deines Lebens übernehmen großzügigerweise deine Alten ebenso wie die Supervision der Erziehung deiner Sprösslinge. Nur arbeiten gehen und deine Kinder behalten musst du selber. Das schon. Geld besorgen, kochen, Schule und Co hinkriegen und so. Wäre ja auch wirklich unzumutbar, in dem Alter. Aber ansonsten wissen und können sie alles, besser als du. Profitiere von dieser unglaublichen Expertise! Beglücke dich mit deren nützlichen Lebensanweisungen! Nur leben musst du halt noch selber. Aber das war's dann auch schon. Wie du es am besten hinkriegst, sagen dir bestimmt deine Eltern!

Anleitung zum Dümmer werden

Bekehr dich!

Über Religionen haben wir im ersten Teil des Buches schon ein wenig geplaudert. Da sie aber für unser Projekt des Dümmer werdens eine so große Bereicherung darstellen können, sei hier nochmals darauf hingewiesen. Es ist so ein bisschen wie mit den Eltern, darüber haben wir schon gesprochen: Die einzelnen Religionen nehmen dir das Denken ab, sie geben dir exakte Vorschriften zu dem, wie du dich kleiden und verhalten sollst und entwerfen auch einen genauen Lebens-, Wochen- und Tagesplan für dich. Deinen Partner, deine Hochzeit, die Kindererziehung, dein Begräbnis. Fünfmal am Tag beten, sonntags in die Messe, freitags kein Fleisch, einmal im Leben nach Mekka. Das alles und viel mehr wird für dich penibel vorbereitet und dir von oben aufgetragen. Stell dir vor, welch ungemeine Erleichterung in deiner Lebensführung! Du musst dir um nichts mehr Sorgen machen, je nach Religion brauchst du nicht mal mehr Klamotten kaufen oder dir die ewige Partnerwahl antun. Das wird von nun an alles für dich bestimmt! Ein Schleier genügt, der Partner oder die Partnerin wird dir zugewiesen, und dein Tag ist so verplant mit beten und Fürsorge, dass dir sicherlich keine Flausen in den Kopf kommen. Du kannst also ruhig dahin leben, in aller Gewissheit, im Schoß deiner Glaubensgemeinschaft wohlig getragen zu werden. Selbstverwirklichung? Eigene Pläne? Rebellion? Das musst du dir jetzt nicht mehr antun. Und wenn du mal streitlustig bist, wirf einen Blick in deine sog. heilige

Barbara Ladurner

Schrift. Du wirst bestimmt irgendeine Legitimation dafür finden, andere Menschen – die bösen Ungläubigen – zu verteufeln oder mehr. Da kannst du sogar Karriere machen, in dem Bereich. Wirst mal reich dafür belohnt, ein paar arme Seelen schon vor ihrer Zeit dahin zurückzuwerfen, woher du glaubst gekommen zu sein. Nein, falsch. Denn die kommen ja dann nicht in deinen Himmel. Sorry, hab ich jetzt verwechselt. Du siehst schon, ich hab's da nicht so damit. Aber du hast verstanden, was ich meine! Natürlich muss es nicht unbedingt eine Religion sein. Eine Sekte tut's auch. Erfüllt denselben Zweck, und das nicht unbedingt schlechter. Nur geht es da um was anderes, also dem Sektenführer zumindest, dem geht's um Kohle. Nicht, dass es in den Religionsgemeinschaften groß anders wäre, aber da ist das nicht so augenscheinlich. Das heißt bei den Sekten solltest du schauen, dass die Sache nicht zu banal ist und dir für dein Geld auch was geboten wird an Lebensplan, Seelenheil und so. Du hast übrigens eine enorme Auswahl an Sekten, spirituellen Gruppen und Religionen, da wird sich bestimmt die passende für dich finden lassen. Wähle einfach die, welche dir die größtmögliche Unterstützung in unserer Sache bietet und gib mir dann Bescheid! Ich bin gespannt. Also: Bekehr dich – jetzt!

Anleitung zum Dümmer werden

Verfolg die Nachrichten!

Natürlich, diesen Punkt hab ich schon vorweggenommen. Aber ganz ehrlich, auf die Relevanz des täglichen, nein ständigen Informiert-Seins darf ruhig nochmal hingedeutet werden. Oder? Daher mein Tipp Nummer 16: Guck dir die neuesten Nachrichten im Fernsehen, in der Zeitung oder im Internet an und sei immer top informiert über das aktuelle Tagesgeschehen! National und international, versteht sich. Ein Mann von Welt muss heute ja immer alles wissen, am besten noch bevor es passiert. Gilt für Frauen übrigens auch, damit sie beim Kaffeeklatsch besser abschneiden. Also schenk dir diese Zeit des Berieselns und der permanenten Panik-Mache und sei dabei ganz unbesorgt, deinem Prozess des Dümmer werdens bist du damit nicht abträglich. Im Gegenteil. Auch in diesem Fall werden dir das eigenständige Denken und Urteilen dankenswerterweise komplett abgenommen, die Informationen werden dir auf dem Silbertablett präsentiert. Jeden Tag neu und doch immer gleich. Du kannst die einzelnen Meldungen schon gar nicht mehr voneinander unterscheiden, vergisst und verwechselst Raum und Zeit der einzigartigen und doch sich kontinuierlich wiederholenden Handlungen? Du wartest schon immer ganz gespannt auf die Fortsetzung der Geschichten vom Vortag, weil sie wie das „Dschungelcamp" irgendwie Seriencharakter suggerieren und merkst gar nicht mehr, dass die Nachrichten säuberlich aufbereitet, manipuliert und sogar z.T. frei erfunden werden, um deinen Unterhaltungsdurst zu

Barbara Ladurner

stillen? Dann hatten die Medien und ich Erfolg! Es ist so wundervoll herzzerreißend, den Müttern beim Weinen über ihre verstorbenen Kinder zuzuschauen, so herrlich schockierend, über die Mord- und Todschläge in fernen Ländern zu erfahren und so großartig ängstigend, von den ganzen schlimmen Ausländern und anderen Banditen zu hören bzw. zu lesen. Und die Hintergrundmusik im Fernsehen erst, die Kommentare, die Interviews! Besser als jede Talk-Show. Reality-TV eben. Es wäre jetzt aber falsch zu denken, dass dieser Unterhaltungswert ein Privileg der TV-Nachrichten sei. Die Printmedien stehen dem natürlich in nichts nach. Diese heftigen Bilder, die tollen Fotos, alle bestens inszeniert. Das ist Meisterarbeit. Alles zu deiner Unterhaltung und zudem unserer Arbeit zuträglich. Was willst du mehr? Eine solch kunstvolle Berichterstattung lässt doch jedes Herz gleich höher schlagen! Und den Blutdruck steigen. Das ist vielleicht der einzige Nachteil. Aber das kriegen wir auch noch weg, mit meiner Spezialbehandlung. Damit dich nichts mehr irritiert beim täglichen Konsum des Storytellings der Massenmedien. Und du immer up to date bist.

Anleitung zum Dümmer werden

Kauf dir eine Play-Station!

Gehörst du zu der Generation, der man immer gesagt hat, Computerspielen bringe nichts? Das stimmt natürlich nicht. Oder zählst du schon zu der Generation, der man erklärt hat, das Spielen fördere durchaus die kognitive Entwicklung? Das ist völlig richtig. Nur unterstützt es eben die geistige Regression. Und dieser Rückschritt ist wunderbar, den können wir uns für unser Projekt zu Nutze machen! Wir Erwachsenen wünschen uns doch immer, wieder mal Kind sein zu dürfen, nicht wahr? Jetzt hast du die Gelegenheit dazu! Und zwar dauerhaft. Kauf dir eine Play-Station! Wenn du schon eine hast, für deine Kinder, dann lass sie ruhig weiterspielen und leg dir selbst eine zu. Es ist gut, wenn sie viele Stunden lang dahin zocken und die Welt um sich herum vergessen. Heutzutage können die Kinder in der Stadt ja sowieso nicht mehr raus, da müssen sie sich wenigstens virtuell austoben können. Und im Jugendalter haben so Gewaltspiele ja fast schon eine therapeutische Wirkung, damit die ganzen versteckten Aggressionen rauskommen. Es ist einfach grandios, was Spiele auf dem PC, der Play-Station oder notfalls auch auf dem Handy alles zu leisten im Stande sind. Sie helfen uns in unserer Entwicklung und in dem Bemühen, so viele Stunden eines Tages als möglich in ein anderes Universum einzutauchen. Wie Astronauten tauchen wir ein in diese fantastische Sphäre, die uns nicht mehr loslässt. Hunger? Durst? Oder gar die Sonne draußen? Alles egal. Wir müssen schließlich um unser Leben klicken, um nicht von einem Meteoriten getroffen zu

Barbara Ladurner

werden oder bösartige Marsmännchen mit Milchstraßensäure beschießen, bevor sie uns das Garaus machen. Völlig klar, dieser Stress lässt dich nicht mehr los. Du sitzt gebannt vor dem Bildschirm und deine Neuronen laufen auf Hochtouren. Raus. Sie haben die Flucht ergriffen. Während du dich und die Realität rund um dich herum vergisst und die Zeit von ganz allein vergeht. Wie wohltuend! Stell dir vor, wie schön! Wenn du ein geselliger Mensch bist, kannst du auch mit anderen Personen gleichzeitig spielen. Ihr könnt euch gegenseitig umlegen und dabei wertvolle Pflege der sozialen Kontakte betreiben. Du siehst also, du hast viele Möglichkeiten deiner Spiellust zu frönen und der Markt wartet nur darauf, dich mit Angeboten und immer neuen Spielen zu betören. Lass dich gehen! Lenk dich ab von der harten Wirklichkeit, es wird dich beglücken und bei unserer Arbeit zum Dümmer werden unterstützen. Also los, die Planetarer warten auf dich!

Anleitung zum Dümmer werden

Sammle Ratgeber-Literatur!

Du bist überfordert mit deiner Beziehung, in der Schule, am Arbeitsplatz? Du weißt nicht mehr ein noch aus in der Erziehung deiner Kinder? Kein Wunder, bei diesen Balgen. Du hast keine Ahnung, wie du ein glückliches, gesundes und erfülltes Leben führen sollst? Verständlich. Aber auf all diese Fragen und noch viele mehr gibt es eine Antwort, ein Rezept für jedermann: den Ratgeber! In der Buchhandlung gut sichtbar, groß markiert, auf den Bestsellerlisten immer vorne mit dabei. Der Ratgeber ist sozusagen der Schlüssel für das ewige Glück. Für all deine Sorgen und Probleme hat er den richtigen Hinweis parat. Keine Ahnung, wie unsere Großeltern es geschafft haben, ohne ihn zu leben. Zu überleben. Welch Glück, dass wir zu diesen Zeiten geboren sind! Ohne die vielen Ratgeber, fein säuberlich nach Themen geordnet, wäre unser Dasein ein einziges Chaos. An jeder Ecke warten sie auf uns, geduldig, denn das Schicksal hat für jeden was reserviert. Und so kommen wir gar nicht umhin, uns die vielen Bücher anzusehen, Titel, Autor und Layout zu vergleichen und uns schließlich für ein Exemplar zu entscheiden, das uns wie die lang ersehnte Rettung dünkt. Deus ex machina. Aber nicht nur, wenn wir uns schon in der Notlage befinden, nein vorher schon blättern wir durch die Seiten und studieren aufmerksam die vielen guten Experten-Tipps, die uns vor dem Untergang bewahren

Barbara Ladurner

sollen. Welchem Untergang, fragst du? Na den auf den Wogen des Lebens, die sich wie am Meer mal aufbäumen, mal ganz zurückziehen. Da ist es doch nur logisch, dass wir zu Ratgebern greifen! Schließlich waren die Wasser selten so rau. Damit wir das Segeln lernen, die Winde und Wetter verstehen und uns auch in dunkelster Nacht an den Sternen orientieren können, um nicht aufzulaufen. Dass die wenigsten Ratgeber von fachkundigen Seeleuten geschrieben wurden, lassen wir jetzt mal beiseite. Aber das Lesen dieser Bücher oder auch Zeitschriften wird dich erfüllen, dich beruhigen und dir das Gefühl vermitteln, vorbereitet zu sein auf die Stürme des Lebens. Wie schön ist das! Du weißt mal nicht weiter? Kauf dir einen Ratgeber! Vorsorglich noch einen anderen dazu. Leg eine Sammlung an! Dann wirst du immer wissen, was du wie und wann zu tun hast. Mit hundertprozentiger Sicherheit. Und garantierter Erfolgsquote. Wozu dich also noch länger selbst mit deinen Problemen herumschlagen? Konsultiere das Universum der Ratgeber-Literatur und du wirst für alle Eventualitäten gerüstet sein. Der Wert dieser Büchlein ist kaum zu überschätzen. Aber das weißt du ja schon. Du liest ja gerade auch so eine Art Ratgeber. Natürlich den besten überhaupt. Nach dieser Lektüre kannst du dir alle anderen eigentlich ersparen. Denn ich habe mit nur einem Tipp die Lösung all deiner Probleme parat. Für Jetzt und Immer.

Anleitung zum Dümmer werden

Mach Urlaub im 5-Sterne Ressort!

Ganz ehrlich, wer hält es schon ewig zu Hause aus? Immer dieselben doofen Gesichter, dieselbe unspektakuläre Umgebung und immer der gleiche Alltagstrott. Nicht besonders aufregend, das Ganze. Daher mein Tipp Nummer 19: Raus aus dem vertrauten Heim! Weg von zu Hause! Hinein in die weite Welt! Nimm dir endlich mal wieder Urlaub, pack deine sieben Sachen, nimm deine Familie mit und gönn dir mindestens eine Woche lang einen geilen Urlaub in einem 5-Sterne Ressort. Klar, wenn schon denn schon! Du willst doch nicht etwa campen? Eben. Stil muss der Urlaub natürlich haben. Den du ja nicht nur genießen sollst, sondern der ganz nebenbei auch noch eine nützliche Ergänzung zu unserem Dummheitsprogramm ist. Du glaubst mir nicht? Hast mal wo gehört, Reisen fördere die geistige Entwicklung, schule das Wahrnehmungsvermögen? Totaler Irrsinn. Also zumindest, wenn du dich an meinen Ratschlag hältst. Du suchst dir irgendein Reiseziel aus, das gut klingt und mit dem du bei deinen Freunden am Stammtisch angeben kannst, kaufst dir dann ein First-Class-Ticket für den Flieger und buchst die teuerste Suite in einem namhaften Luxushotel. Spa, Freizeitangebote, gutes Essen. Da sollte dann alles dabei sein. So brauchst du nie rauszugehen und mit hunderttausend anderen Touristen irgendwelche blöden Pyramiden anschauen oder stundenlang vor

Barbara Ladurner

einem Museum in der Warteschlange stehen. Wer hat schon Lust darauf, bei 40° Celsius im Schatten wie verrückt herumzurennen, nur um die baufälligen Überreste einer längst vergangenen Kultur zu begutachten? Da gibt es eindeutig Besseres zu tun: du kannst dich am Pool genüsslich auf der Liege räkeln oder am hoteleigenen Strand oben ohne sonnen, damit dein Freund auch was davon hat. Wenn du ein Mann bist, kannst du natürlich auch den ganzen Tag lang in der Sonne pennen und vor allem beim Buffet dann ordentlich zuschlagen. Du kannst dir wohlige Massagen von hübschen Vietnamesinnen gönnen und wenn du noch etwas dazulegst auch mehr, du kannst mal so richtig faulenzen und brauchst dich um nichts zu kümmern. Deine Welt ist das noble Hotel-Ressort, der Rest interessiert dich nicht. Außerdem ist es da eh viel schöner als draußen im gefährlichen, armen Hinterland. Was willst du dort? Von Banditen überfallen werden, um Einheimische kennenzulernen? Blödsinn. Dazu kannst du fernsehen. Bleib im Luxushotel und genieße die Vorzüge der heilen, geilen Glamour-Welt! Das hast du dir wirklich verdient.

Anleitung zum Dümmer werden

Meditiere!

Nun zu meinem zwanzigsten und letzten Tipp zum Dümmer werden. Hast du auch schon mal gehört, man sollte sich öfters Zeit für sich nehmen? Ich bin da voll dabei. Fernsehen, Spielen, Surfen ist echt super, aber du beschäftigst dich natürlich nicht mit dir selbst, sondern lenkst dich genau davon ab. Deshalb solltest du dich zwischendurch mal ganz auf dich konzentrieren, dich zurückziehen und dir allein Zeit schenken. Wenn du einer dieser Yoga-Freaks bist, fällt dir diese Übung wahrscheinlich leichter, dann bist du schon trainiert. Das ist gut. Für alle anderen ist es am Anfang ganz nützlich, einen Kurs zu besuchen oder eine CD oder eben einen Meditier-Ratgeber zu kaufen. Das Prinzip ist ganz einfach: du sitzt minuten-, im Fortgeschrittenenstadium sogar stundenlang herum und tust nichts. Du bewegst dich nicht, du isst nicht, du trinkst nicht, du sprichst nicht, du atmest höchstens. Und der Clou bei der Geschichte ist der, dass du beim Meditieren an nichts, rein gar nichts denken sollst! Nur in dich hineinhorchen. In die gähnende Leere, sozusagen. Je weiter du mit unserem Programm vorangekommen bist, desto einfacher wird dir diese Übung fallen und desto stiller und dementsprechend angenehmer wird es dann auch bei diesem Hineinhorchen. Das ist nämlich das Ziel. An nichts zu denken. Stell dir vor, wie leicht dir das nach Abschluss meines Kurses fallen wird! Du kannst dich praktisch gleich schon in die Profi-Gruppe einschreiben. Wo nichts da ist, gibt es auch nichts hineinzuhorchen. Keine

Barbara Ladurner

Ablenkung, kein störendes Zwischenfunken, keine neuronalen Faxen. Meditieren auf höchstem Niveau. Und nebenbei gesagt kann es auch mal ganz angenehm sein, wenn die Freundin mal ausnahmsweise ein paar Minuten still ist. Bei uns Männern ist das ja anders. Aber das ist eine andere Geschichte. Jetzt solltest du dich einfach nur auf das Meditieren und auf die wohltuende Stille in dir konzentrieren, dich entspannen und die herrliche Leere in deinem Kopf genießen. Dann wirst du glücklich sein. Probier's aus!

Barbara Ladurner

So, jetzt habe ich dir zwanzig äußerst nützliche Tipps mit auf den Weg gegeben, um mit dem Projekt des Dümmer werdens so richtig durchzustarten. Erfolg garantiert oder Geld zurück! Du wirst sehen, schon nach kurzer Zeit werden die Übungen ihre Wirkung entfalten und du bist deinem Ziel ein Stück näher gekommen. Natürlich gäbe es noch viele andere Übungen, Tipps und Tricks, die ich dir hier vermitteln könnte, aber ich denke das waren mal einige wichtige Dinge für den Anfang. Du sollst dich ja nicht gleich überfordern. Außerdem ist es besser, einige ausgewählte Strategien konsequent anzuwenden als viele nur halbherzig. Was ich dir jetzt noch ans Herz legen möchte, ist die persönliche Beratung in meinem Coaching. Darin kann ich wirklich auf deine individuellen Probleme und Ziele eingehen und dir effizient zum Erfolg verhelfen. Melde dich bei mir!

In der Zwischenzeit solltest du versuchen, all die von mir genannten Aspekte zu berücksichtigen und so viel wie möglich von dem umzusetzen, was wir jetzt besprochen haben. Damit tust du nicht nur dir und deinem Umfeld einen Gefallen, sondern der gesamten Weltbevölkerung! Worum es hier geht, ist schließlich viel mehr als nur das Streben nach individuellem Glück. Es geht um eine Ideologie! Eine Ideologie, die unsere Welt verändern wird, ja komplett auf den Kopf stellen wird! Es soll Zuckerwatte schneien, Straßenbahnen durch Achterbahnen ersetzt werden, Kinder vormittags wieder auf der Straße toben und endlich alle fröhlich und friedlich leben dürfen! All dies können wir durch meine Arbeit erreichen!

Anleitung zum Dümmer werden

Der Wert der Dummheit wird das neue Maß aller Dinge, er wird die Welt erobern und Himmel und Erde vereinen. Dafür setze ich mich als Coach ein, jeden Tag – für mich, dich und deine Kinder! Wenn du also meine Arbeit unterstützt, trage mein Projekt in die Welt hinaus, hilf mit, den Garten Eden neu zu begrünen und scheu dich nicht, selbst den ersten Schritt zu tun. Das wird die Erde zu dem machen, was sie immer schon hätte sein sollen und es wird dich so glücklich machen, wie du es dir bereits von Beginn an verdient hättest. Wenn du also überzeugt bist von meiner Arbeit, dann unterstütz mich auch mit einer kleinen Spende, um das Projekt möglichst rasch und erfolgreich umsetzen zu können. Mit nur 1 Euro kannst du mir dabei helfen, die Schulen zu schließen, die blinkenden Warnschilder zu bestellen und mit meiner Aufklärungsarbeit fortzufahren! Zögere also nicht, den Betrag mit dem Stichwort „Spende Dummermann" auf das Konto meiner Erfinderin **Barbara Ladurner,** IBAN IT36A0811258460000300269689 zu überweisen. Kein Scheiß. Ich zähle auf dich! Wenn du jetzt nach der Lektüre meiner Anleitung zum Dümmer werden das Gefühl hast, nichts verstanden zu haben, deine Lebenszeit vergeudet zu haben und dich intellektuell absolut nicht bereichert zu haben, dann ist der erste Schritt hin zum Erfolg gesetzt.

Dann sind wir am richtigen Weg.

Servus!

Jens Dummermann

Barbara Ladurner, geboren am 6. April 1991 in Meran (Südtirol). 2010 aus Studiengründen nach Wien gezogen. Lehramtsstudium Deutsch und Italienisch an der Universität Wien, Universitätslehrgang „Elementare Musikpädagogik" an der Universität für Musik und darstellende Kunst Wien, Gesangsstudium am Diözesankonservatorium Wien, Auslandssemester an der Universität Cà Foscari in Venedig, gefördertes Forschungsprojekt an der Universität Bozen, mehrfache Preisträgerin und Ehrenmitglied der Società Dante Alighieri in Meran, mehrfache Gewinnerin von Leistungsstipendien des Landes Südtirol. Neben verschiedenen Nebenerwerbstätigkeiten in unterschiedlichen Bereichen (z.B. als Betreuerin und Reisebegleiterin von Menschen mit Behinderung und psychischen Krankheiten, als Sängerin u.a. solistisch auf der Biennale von Venedig) arbeitet sie in Wien freiberuflich als Unterrichtende und als Lehrerin in höheren Schulen für den Stadtschulrat. Barbara Ladurner hat außerdem ein Bildungsinstitut gegründet, das sie leitet. 2017 erschien ihr erstes Buch, „Schulmädchentexte", ebenfalls bei Gangan.

Lit-Mag | Marc Adrian • Adam Aitken • Jordie Albiston • Duncan Allan • Richard Allen • Diego Arandojo • Louis Armand • Nora Aschacher • Reinhold Aumaier • Raquelle Azran • Ingeborg Bachmann • Thilo Bachmann • Andreas Bäcker • Tony Baker • Guntram Balzer • Catherine Basilicata • Gerd Berghofer • Daniela Beuren • Angelique Bletsas • Marietta Böning • Peter Bosch • Maura Bowen • Earl S. A. Boyd • Mirko S. Božic • Nenad Bracic • Stephen Bremner • Pam Brown • Susanne Burgstaller • Marj Busby • Lauren Byleveld • CANT • Vahni Capildeo • Carmen Caputo • Julia Carpenter • Bonny Cassidy • Helen Castles • Lucas Cejpek • Chris Chapman • S.M. Chianti • Manfred Chobot • Shane Jesse Christmass • Jennifer Compton • Christina Conrad • The CountDAWN • Al Cracko • Michael Crane • MTC Cronin • Alexander Curtis • Franz Josef Czernin • Jana A. Czipin • Hop Dac • Christian Damböck • Cailean Darkwater • Holly Day • Libby Dent • Anne Dernelley • Peter deVries • Rosanne Dingli • B. R. Dionysius • Daniela dos Santos • Briohny Doyle • Michael Dransfield • Laurie Duggan • Jas H Duke • Chris Duncan • Roger Duncan • Ferida Durakovic • Woody Dykott • Steven Eddleston • Ken Edwards • Vivien Eime • Erwin Einzinger • Alexandra Ekkelenkamp • Tarek Eltayeb • Brad Evans • Zdravka Evtimova • Julian Faber • Trafford Fehlberg • Liam Ferney • Sally Flint • Ela Fornalska • Hans Fraeulin • Charles Frederickson • Angelika Fremd • Michaela A. Gabriel • Jeremy Gadd • Louis Gallo • Gerald Ganglbauer • Petra Ganglbauer • Marjana Gaponenko • Gerburg Garmann • Claire Gaskin • Geoffrey Gates • Ranjini George • Peter Giacomuzzi • Nicole Gill • Sue Gill • Anselm Glück • Jim Goar • George Gott • Julie Goyder • Monika Graf • Gerry Gray • Kristine Greßhöner • Michael Griffith • Neil Grimmett • Harald Gsaller • Karl-Heinz Gutmann • Rowan Hagen • Catherine Hales • Ben Hall • Paula Hanasz • Paul Hardacre • Sally Hardy • Sonja Harter • Josef Haslinger • Tim Hayden • Bodo Hell • Hermann J. Hendrich • Mary Kennan Herbert • Wolfgang Hermann • Paul Hewson • Crag Hill • Miles Hitchcock • Solrun Hoaas • Anna Hoffmann • Walter W. Hölbling • Scott C. Holstad • Siegfried Holzbauer • Michel Honegger • David Hopkinson • Coral Hull • Kristen Hunter • Jan Imgrund • Sabine Imhof • Ivor Indyk • Maree Jaeger • Terry Jaensch • Magdalena Jagelke • Andre Jahn • Jolanta Janavicius • Jurgis Janavicius • Alan Jefferies • Liesl Jobson • Halvard Johnson • Simon M. Jonas • Eli Jones • David Jory • Nicole Jurosek • Irene Kabanyi • Kris T Kahn • Bernhard Kainerstorfer • Danijela Kambaskovic-Sawers • Kami • Karin Kaminker • Hillary Keel • Antigone Kefalá • Stephen K. Kelen • John Kidd • Ilse Kilic • John Kinsella • Toni Kleinlercher • Jonas Knutsson • Peter Köck • Rainer Kodritsch • Katarina Konkoly • Ralf B. Korte • Karl Koweski • José Kozer • Rudolf Kraus • Rudi Krausmann • Margret Kreidl • Erika Kronabitter • Herbert Kronig • Martin Krusche • Anant Kumar • Augusta Laar • Yahia Lababidi • Julia Lajta-Novak • Trevor Landers • Jo Langdon •

Jean-René Lassalle • Gernot Lauffer • Anthony Lawrence • Gwen Leanne • Dennis Leavens • Marie Jacqueline Lee • John Leonard • Ruark Lewis • Koh Beng Liang • Mario Licón • Hunter Liguore • Dawn Lim • Kerstin Lindros • James Lineberger • Lish • Duane Locke • Mary Long • Tatjana Lukic • Jonathan Lyons • Kent MacCarter • Edward Mackinnon • Julie Maclean • Andrew Madigan • Nikola Madzirov • Prasenjit Maiti • Elena Malec • Manfred Malzahn • Chris Mann • Melitta Manowarda Kessaris • Mike Markart • Jürgen Marschal • Billy Marshall-Stoneking • Mira Martin-Parker • Tanya Marwood • Shelby Matthews • Matu • Mona May • Rupprecht Mayer • Don Maynard • Friederike Mayröcker • Ian McBryde • Jaki McCarrick • Patrick McCauley • Timothy McNeal • Stephen Mead • Audrey Mei • Anja Meixner • Malte Meyer • Frank Milautzcki • Graeme Miles • David Miller • Gregory Paul Mineeff • Monika Mokre • MONEILL • Anne Elizabeth Moore • Nick Morgan • Titus Müller • Christopher Mulrooney • Edgar Munil • Kristina Müntzing • Paul Murphy • Peter Murphy • Tanja Murray • Christiane N. Neppel • Gaston Ng • R. J. Nicolet • Alistair Noon • Anna Nöst • Martin Novak • Karen Nowviskie • Doris Nußbaumer • Nanya Nyssen • Barbara O'Connor • Gerhard Ochs • Andreas Okopenko • Stephen Oliver • Laurence Overmire • Tony Page • Elke Papp • Geoff Parkes • Hayden Payne • Jonathon Penny • Günther Pesendorfer • Peter Pessl • Melissa Petrakis • Sylvia Petter • Jörg J. Pfeifer • Judith Pfeifer • Martina Pfeiler • Ulrich Pichler • Alexandra Pitsis • Marcus Poettler • Tim Pohle • Daniel Pop • Gabriele Pötscher • David Prater • Mark Pregartbauer • Christian R. • Adam Raffel • Susanne Rasser • Thomas Reichl • Joy Reid • Edward Reilly • Andreas Reiter • Horst Lothar Renner • Nigel Roberts • Stefan Rois • David Rosel • Lisa Rosenblatt • Silke Rosenbüchler • Tom Saalfeld • Magdalena Sadlon • Andrea Sailer • Werner Schandor • Clemens Schittko • Helmut Schranz • Helga Schubert • Karin Seidner • Annika Senger • Michael Sharkey • Shiloh • Krisette Y. Sia • Claudia Siefen • Annette Signorini • Martina Sinowatz • Arne Sjostedt • Paul A. Skec • Marcus Slease • Carolyn Smale • Ian C. Smith • Christian H. Sötemann • Beth Spencer • Dieter Sperl • Danny Spigone • Oliver Stahmann • Sue Stanford • Leigh Stein • Christian Steinbacher • Christiane Stenzel • Amanda Stewart • Christopher Stolle • Reinhold F. Stumpf • Egon Tenert • Scott Thouard • Richard Tipping • Susanne Toth • Frederic Tybery • Paul Tylor • Liesl Ujvary • Lawrence Upton • Philipp Arno Vajda • Günter Vallaster • Edward Vukovic • Linda Marie Walker • Yvette Walker • Ulrike Walner • Ania Walwicz • Mary Beth Warner • Peter Waterhouse • Bernd Watzka • Renate Weis • Grant White • Thomas B. White • Les Wicks • Fritz Widhalm • Alexander Widner • Michael Wilding • Album Williams • Ian Kennedy Williams • Lachlan Williams • Erika Wimmer • Ines Windheuser • Ron Winkler • Peter Paul Wiplinger • Monika Wogrolly • Volker Wolf • Cyril Wong • David Wright • Matvei Yankelevich • Judy Zarrella

Gangan Verlag | Marc Adrian • Reinhold Aumaier • Anne Bahrs • Hans Bahrs • Daniela Bartens • Karlheinz Barwasser • Gerhard Bolaender • Jan Christ • Franz Josef Czernin • Rudolf Dressler • Michael Dürr • Klaus Edlinger • Erwin Einzinger • Erich Ertl • Eduard Falk • Edith Faltus • Günther Freitag • Wolfgang Freitag • Hans Thorsten Friedl • Horst Gerald Ganglbauer • Petra Ganglbauer • Doris Glaser • Peter Glaser • Anselm Glück • Werner Görischk • Friedrich Handl • Bodo Hell • Wolfgang Hermann • Christian Ide Hintze • Evelyn Holloway • Gudrun Horst-Schmidinger • Franz Innerhofer • Christoph Janacs • Bruno Jaschke • Paul Christian Jezek • Sabine Jerusalem-Stipanits • Herwig Kaiser • Ernst R. Kilian • Karin Kinast • Werner Kissling • Toni Kleinlercher • Bettina Klix • Peter Köck • Andrea Konrad • Peter Kreiner • Herwig von Kreutzbruck • Martin Krusche • Barbara Ladurner • Wilfried S. Leitgeb • Rainer Leitner • Leo Lukas • Mike Markart • Matthias Marschik • Norbert Mayer • Friederike Mayröcker • Dietmar Mehrens • Jürgen Mende • Wenzel Müller • Barbara Neuwirth • Robert Novotny • Josef Oberhollenzer • Thomas M. Obermayr • Peter Pessl • Fernando Pessoa • Christian Promitzer • Claudia Pütz • Manfred Ratzenböck • Rausenheym • Andreas Reiter • Ingrid Rössl • Magdalena Sadlon • Ferdinand Schmatz • Sabine Scholl • Beate Scholz • Karl-Heinz Schreiber • Robert Schwarz • Hermann Schwaiger • Wolfgang Siegmund • Christian Steinbacher • Jakob Thrä • Liesl Ujvary • Ulrike Walner • Peter Waterhouse • Dittmar Werner • Fritz Widhalm • Alexander Widner • Andrea Wolfmayr • Wolfgang Würschinger • Gerhard Zeilinger

EIN LITERATURVERLAG SEIT 1984

Gangaroo | Glenda Adams • Inez Baranay • David Brooks • Peter Carey • Helen Garner • Kate Grenville • Kris Hemensley • Nick Jose • Rudi Krausmann • David Malouf • Frank Moorhouse • Gerald Murnane • Oodgeroo Noonuccal • Janette Turner Hospital • Vicki Viidikas • Patrick White • Michael Wilding • Renate Yates • Robert Adamson • Richard Allen • Bruce Beaver • Marita Beinssen • Judith Beveridge • Walter Billeter • Elizabeth Brown • Pamela Brown • Joanne Burns • Heather Cam • Nancy Cato • Anna Couani • James Cowan • Jack Davis • Bruce Dawe • Margaret Diesendorf • Rosemary Dobson • Michael Dransfield • Laurie Duggan • John Forbes • Peter Goldsworthy • Alan Gould • Robert Gray • Susan Hampton • Robert Harris • Martin Harrison • Kevin Hart • Gwen Harwood • Dorothy Hewett • Barry Humphries • Jurgis Janavicius • Kate Jennings • Eva Johnson • Martin Johnston • Rae Desmond Jones • Manfred Jurgensen • Antigone Kefala • Robert Kenny • Rudi Krausmann • Anthony Lawrence • Shelton Lea • Kate Lilley • Kate Llewellyn • Jennifer Maiden • David Malouf • Hyllus Maris • Billy Marshall-Stoneking • Don Maynard • Rhyll McMaster • Maurilia Meehan • Rod Moran • Les A. Murray • Mudrooroo Narogin • Oodgeroo Noonuccal • Geoff Page • Franco Paisio • Grace Perry • Dorothy Porter • Peter Porter • Jennifer Rankin • Barney Roberts • Nigel Roberts • Judith Rodriguez • Peter Rose • Gig Ryan • Peter Skrzynecki • Amanda Stewart • Randolph Stow • Jennifer Strauss • Bobbi Sykes • Andrew Taylor • Richard Kelly Tipping • John Tranter • Dimitris Tsaloumas • Chris Wallace-Crabbe • Ania Walwicz • Maureen Watson • Banumbir Wongar • Judith Wright • Fay Zwicky